삶을 바꾸는 작은 돈의 기적

푼돈재테크

삶을 바꾸는
작은 돈의 기적

푼돈
재테크

장순욱 지음

ｉＮ 더난출판

푼돈 재테크

ⓒ 2015, 장순욱

초판 1쇄 발행 2015년 3월 2일
초판 3쇄 발행 2018년 3월 27일

지은이 장순욱
펴낸이 신경렬

펴낸곳 (주)더난콘텐츠그룹
경영기획 김정숙 · 김태희
기획편집 송상미 · 김순란 · 이희은 · 조은애 | **디자인** 박현정
마케팅 장현기 · 정우연 · 정혜민 | **제작** 유수경

출판등록 2011년 6월 2일 제2011-000158호
주소 04043 서울특별시 마포구 양화로 12길 16, 더난빌딩 7층
전화 (02)325-2525 | **팩스** (02)325-9007
이메일 book@thenanbiz.com | **홈페이지** www.thenanbiz.com
ISBN 978-89-8405-802-6 03320

푼돈은 어떻게 부자를 만드나

    푼돈은 과연 사람들에게 어떤 의미일까. 부자들은 하나같이 푼돈의 소중함에 대해 이야기하는데 대다수 사람들은 푼돈에 그다지 주목하지 않는다. 오늘도 푼돈은 쉬지 않고 우리 손을 빠져나간다. 푼돈을 우습게 봐도 괜찮을까.

    푼돈은 우리 사회를 하찮게 떠도는 존재가 아닌 숨어 있는 진주나 다름없다. 푼돈은 다듬어지지 않은 원석에 가깝다고 할 수 있고, 푼돈을 아껴 쌓아가는 시간은 그 원석을 다듬는 과정으로 볼 수 있다. 감독이 돼 가능성 있는 선수나 스타를 발굴하는 것과 같다.

    그럼에도 귀중한 푼돈을 많은 사람들은 매일 버리다시피 하고 있다. 그 귀중함의 가치를 느끼게 해주고 싶다는 것이, 그래서 푼돈의 마술이 하나의 유행처럼 번지기를 바라는 것이 이 책을 쓴 이유다.

부자가 될 기회가 오지 않는다고 한탄하는 사람들이 많다. 로또 당첨과 같은 일확천금을 꿈꾸지만, 푼돈이 주는 기회는 주목하지 않는다. 그러나 불가능에 가까운 로또 당첨의 희망보다 푼돈부터 빛나게 닦는 게 현실적이지 않을까.

지금으로부터 20년 전 버스비 1050원(이해의 편의를 위해 현재 버스비로 환산함)을 아끼기 위해 다섯 정거장을 걸어서 출퇴근한 신입사원 A씨가 있다. 그는 절약한 버스비를 출근하자마자 즉시 회사 책상 위 돼지저금통에 넣었다. 그렇게 모은 돈이 한 달에 약 2만 5000원. 다섯 달이 되니 13만 원이 됐다. 1050원이라는 네 자리 숫자의 푼돈이 다섯 달 만에 여섯 자리 큰돈이 된 것이다.

그는 13만 원으로 자전거를 샀고, 퇴근시간이나 가까운 곳에서 친구를 만날 때도 자전거를 이용했다. 이전보다 더 많은 교통비를 아꼈고, 그것을 계속 저금했다. 그렇게 푼돈을 아끼던 A씨는 20년이 지난 뒤 매출액 100억 원의 중견기업 사장이 됐다. 그는 아직도 가까운 거리는 걷거나 자전거를 이용한다.

이 이야기는 경제신문 기자시절 모 중견기업 사장으로부터 직접 들은 이야기다. 그에게 버스비를 아낀다는 것, 그것은 단순히 천 원 정도를 남겼다는 의미 이상이었다.

1050원은 다섯 달 만에 자전거 하나를 만들어내는 마술을 부렸다. 또한 그는 돈이 모이는 맛도 보았다. 돈맛은 절약정신을 키웠고, 큰돈을 모으는 밑바탕이 됐다. 또한 1050원을 얻기 위해서는 부지런해야만 했다. 버스를 탈 때보다 30분 먼저 일어나 준비하고 출근해야 했다. 그리고 30분간 팔과 두 다리를 부지런히 움직이며 걸어야 했다. 그는 버스 대신 걸어서 출근하며 1050원뿐만 아니라 부지런한 생활습관과 건강도 얻었다. 걸으면서 다가올 세상과 내 모습에 대해 고민하면서 생각 에너지도 늘어났다.

1050원을 모아 만든 자전거도 결코 작은 것이 아니다. 그러나 돈에 대한 깨달음, 부지런해진 몸, 풍부해진 상상력은 자전거의 수십, 수백 배에 달하는 이득이며 그를 중견기업의 사장으로 이끈 동력이 되었다. 더불어 푼돈은 오늘도 그의 부를 지켜주는 수호신 역할을 하고 있다.

집값이 비싸 10년간 한 푼도 안 쓰고 모아도 서울에서 아파트 하나 사기 힘든 세상이 됐다. 그러나 진짜로 월급을 꼬박 10년간 성실하게 모은 사람은 단언컨대 아파트 한 채 마련할 수 있다. 모으는 동안 쌓이는 것이 돈만은 아니기 때문이다. 시간 속에 에너지를 저축하게 된다. 이제부터 푼돈의 힘을 해부하는 유쾌하고 즐거운 여행을 시작해보자.

| C O N T E N T S |

5장
부자를 만드는
열 가지 소비습관

1장

내 돈 다
어디 갔어!

．
．
．

가지고 싶은 것은 사지 마라.
꼭 필요한 것만 사라.
작은 지출을 삼가라.
작은 구멍이 거대한 배를 침몰시킨다.
– 벤자민 프랭클린

．
．
．

푼푼리아의 하루

내가 하루에 알게 모르게 지출하는 푼돈은 평균 얼마나 될까? 평범한 20대 직장여성의 하루를 통해 자신이 사용하는 푼돈의 규모를 한번 알아보자.

푼푼리아의 하루

자명종 소리에 눈은 떴지만 몇 차례 '5분만 더'를 외치다 결국 출근시간이 바빠졌다. 세수하고 치장하고 나니 시간이 간당간당하다. 자칫 늦을 것 같기도 하고 편하게 가자는 생각에 교통편은 또다시 택시다. 회사까지 택시비는 4000원. 교통카드로 결제가 가능해지면서 택시를 타는 일이 잦아진 듯해 불안하다. 그래도 집에서 회사가 가까워 다행이다. 집이 먼 옆자리 언니는 회사까지 오는 데 1만 5000원이 나온단다. 그래서 택시비로 한 달에 20만 원 이상 사용하는 경우도 허다하다고…….

바쁘게 아침 업무를 처리하고 나니 금세 점심시간이 됐다. 오늘은 옆자리 언니, 아래층 동기와 함께 버섯칼국수 매운탕을 먹기로 했다. 버섯칼국수 3인분에 샤브샤브 고기 1인분 추가. 더치페이로 6000원씩 내고, 추가한 고깃값은 옆자리 언니가 기분 좋게 한턱 쐈다. 숙녀 입에서 고기 냄새, 고춧가루 냄새가 나서는 안 되는 법. 우리는 식당을 나와 바로 옆에 있는 커피전문점으로 직행했다. 고깃값을 낸 언니를 위해 커피는 내가 쐈다. 커피값으로 7500원 지출.

맛난 식사와 커피를 마시고 사무실에 돌아온 시각은 한 시. 점심시간이 지났지만 '식후 SNS 방문'이 빠져서는 안 되는 법. 팬 관리 차원에서 친구들의 페이스북에 '좋아요'를 남기고 댓글까지 단 뒤, 내 블로그에도 음악 한 곡(500원)을 선물했다.

오후 네 시. 팀장님 몰래 아래층 동기와 매점에서 주스 두 개, 과자 한 봉지를 나눠 먹으며 잠시 수다를 떨었다. 주스와 과자 값은 3400원. 우선 각자 가지고 있던 잔돈을 털기로 했다. 내 지갑에 있던 돈은 500원짜리 두 개와 100원짜리 5개로 모두 1500원. 지갑을 뒤지던 친구가 동전이 별로 없다면서 1000원짜리 한 장과 900원을 냈다. 더 적게 내서 그런지 주스가 유난히 맛있었다.

업무를 마치고 이것저것 남은 일을 마무리하니 벌써 일곱 시가 가까웠다. 퇴근길이 다소 출출하다. 집에서 솥단지 끼고 밥숟가락 놀리는 대신 간단히 허기를 해결하기로 하고, 친구와 가까운 생과일주스 가게에 갔다. 주스 한 잔과 블루베리 베이글 두 조각. 7000원이 나왔다. 가게 앞에 머리핀을 파는 아저씨가 좌판을 벌여놓고 있다. 마음에 드는 머리핀이 2000원. 덥석 골라 핸드백에 넣었다. 피곤해서 택시를 타고 갈까 했으나 아침에도 탔는데 좀 아끼자는 생각에 버스(1050원)에 올랐다.

씻고 나니 여덟 시. 잠시 인터넷에 들어갔다. 평상시의 습관대로 페이스북이며 밴드며 각종 SNS의 팬 관리를 하고 자주 가는 홈쇼핑 사이트를 방문했다. 마음에 드는 티셔츠가 있다. 살까 말까를 망설이는 동안 10분이 지났다. 결국 참기로 했다. 대신 사흘 전 케이블TV에서 구입한 최신 영화를 마저 보기로 했다. 그런데 이런! 72시간인 사용기간이 방금 전 끝났다. 다시 피 같은 돈 9000원을 내고 구입을 했다. 월정액제에 가입해볼까 생각도 했으나 1만 9000원을 내고 한 편도 안 보는 달이 많아 돈 아깝다는 생각을 한다는 친구 이야기가 생각 나 포기했다.

이 여성이 하루를 그럭저럭 보내면서 사용한 돈은 얼마일까? 무려 3만 8550원이다. 특별히 비싼 음식을 먹은 것도 아닌데도 하루 만에 4만 원 가까운 돈이 나간 것이다. 월요일부터 금요일까지 이런 일상이 지속된다면 주중에만 20만 원 이상 나가는 셈이다. 친구들을 만나 맥주라도 한잔 한다면 지출액은 더 늘어난다. 월요일에 5만 원권 두 장을 지갑에 넣고 거리를 나서도 수요일쯤이면 흔적 없이 사라지고 말 것이다.

예를 든 것은 여성의 경우지만 남성도 별반 다르지 않다. 대부분의 남성은 여성처럼 옷이나 장신구를 구입하는 데 돈을 크게 지출하지는 않지만 그보다 더 많은 돈을 술 마시는 데 쓰며, 푼돈으로 나가는 지출 규모 또한 여성보다 결코 작다고 할 수 없다.

이처럼 푼돈이라고 무시할 수 있는 것이 아니다. 여러분도 자신이 하루에 쓰는 푼돈의 규모를 곰곰이 따져보고 과연 내가 매일 얼마를 지출하고 있는지 계산해보기 바란다.

푼돈 궁합지수

하루에 내 주머니에서 나가는 돈을 계산해보면 앞서 언급한 것보다 많을 수도 적을 수도 있을 것이다. 많다면 문제가 심각한 것이고, 현저히 적다면 이미 푼돈 절약을 시작하고 있다고 볼 수 있다.

좀 더 구체적으로 내가 푼돈에 대해 경각심을 얼마나 갖고 생활하는지 알아보기 위해 '푼돈 궁합지수'를 한번 체크해보자. '예' '아니오'로 대답해보길 바란다.

푼돈 궁합지수

1. 묵직한 돼지저금통을 갖고 있다.

2. 버스 두세 정거장의 거리는 걸어간다.

3. 500원 이상 하는 커피는 거의 안 마신다.

4. 기본요금 거리는 버스보다 택시를 주로 이용한다.

5. 수수료를 조금 지불하더라도 가까운 아무 은행에서나 돈을 찾거나 송금한다.

6. 헌 옷도 기꺼이 입을 수 있다.

7. 돈을 쓸 때 세 번 생각하는 습관이 있다.

8. 사용하지 않는 가전제품의 플러그는 늘 빼놓는다.

9. 한 달 수입에서 저축하는 비율이 30퍼센트 이상이다.

10. 돼지꿈을 꾼 때를 제외하고는 로또를 사본 적이 없다.

4번과 5번은 '아니오'가 1점이고 나머지는 '예'가 1점이다. 점수를 더해본 뒤 내가 어디에 속하는지 확인해보자.

9점 이상

푼돈의 비밀을 이미 알고 있다. 부자가 될 가능성이 매우 높다.

6~8점

푼돈을 아껴야 할 필요성을 알고 있으며 노력하고 있다.

5점 이하

생각은 있지만 실천이 따르지 못하거나 절약에 관심이 적다.

점수가 너무 낮게 나왔다고 실망할 필요는 없다. 같은 설문지로 조사를 해보면 양극화 현상이 뚜렷하게 나타난다. 즉 푼돈을 아끼고 절약하는 사람은 점수가 높게 나오지만 그렇지 않은 사람은 대부분 아주 낮게 나온다. 심지어 0점이 나오는 사람노 있다.

왜냐하면 푼돈을 절약하기로 마음먹을 경우 한 가지 방법만 사용하지 않고 다양한 방법을 동원하기 때문이다. 따라서 푼돈을 절약할 마음을 먹고 실천하기로 한 순간 점수는 급상승한다. 이와 반대로 '푼돈 따위'라며 절약에 관심을 갖고 있지 않은 사람들은 점수가 낮을 수밖에 없다.

짠돌이 과장, 담배를 끊다

　푼돈의 힘을 느낄 수 있는 예는 수없이 많다. 다음은 오래전 내가 직접 목격한 일이다.

　짠돌이로 소문난 중견기업의 김 과장. 휴대전화는 주로 받는 용도로 사용하며, 와이파이가 안 되는 곳에서는 인터넷 사용을 극도로 자제한다. 한 달 무료 사용량이 500메가지만 300메가 정도가 매달 남는다고 한다. 또 아무리 급해도 택시를 타는 법이 없다. 대신 거미줄처럼 얽힌 서울 시내버스 노선을 손금 보듯 훤히 꿰뚫고 있다. 특히 대중교통 환승시스템이 구축된 뒤 버스와 지하철의 환승지점까지 정확히 짚어내며 목적지까지 빠른 속도로 가는 게 거의 신의 경지에 가깝다.

　그런 김 과장이 어느 날 거금(?) 40만 원을 내고 난식원에 들어샀다. 무슨 일이 있었던 걸까? 사연을 들어보니 과연 짠돌이답다는 생각밖에 들지 않았다.

김 과장은 어느 날 선배로부터 단식원에서 담배를 끊고 건강이 좋아졌다는 이야기를 들었다. 그러나 그가 선배의 말에 솔깃해진 이유는 금연으로 건강을 회복했다는 것 때문만은 아니었다. 아무리 건강에 좋아도 40만 원은 그에게 거금이다. 사실 그가 단식원에 선뜻 40만 원을 투자한 이유는 그 돈이 가져다줄 엄청난 수익 때문이었다.

그동안 김 과장은 하루에 담배 한 갑을 피워왔다. 금전적 출혈이 심한 담배를 끊어야 한다는 생각은 굴뚝같았지만 생각처럼 쉽지 않았다. 따라서 단식을 통해 금연에 성공한다면 40만 원이 아깝지 않다는 계산이 나왔다.

김 과장이 하루에 담배로 없애는 돈은 2500원(담배 가격이 인상되기 전의 일이다), 정말 푼돈이었다. 그런데 이것이 한 달 동안 모이면 7만 5000원이 된다. 1년이 되면 90만 원이 되고, 10년이면 900만 원이 된다. 목돈이다. 또 30년이 되면 2700만 원으로 불어나면서 담배로 사라진 돈은 복권 당첨금만큼 커진다. 김 과장은 이미 20년 가까이 담배를 피워왔으므로 벌써 2000만 원가량을 담배로 허비한 셈이었다. 여기에 이자까지 보태면 액수는 더 커진다. 담배 가격이 4500으로 인상된 지금은 한 달간 절약할 수 있는 돈이 13만 원이 되고 1년이면 156만 원, 10년이면 1560만 원, 30년이면 4180만 원이 된다.

실제로 이와 유사한 내용의 기사가 2004년 〈워싱턴포스트〉지에 실린 적이 있다. 보도에 따르면 한 잔에 3달러 하는 스타벅스 커피 대신 회사나 집에서 스스로 커피를 끓여 마시면 30년간 이자를 포함해 약 5만 5000여 달러, 우리 돈으로 5500만 원(달러당 1000원 기준)이 절약된다고 한다. 신문은 이와 함께 미국의 대학생들이 이런 커피를 너무 많이 마셔서 졸업 후 갚아야 할 빚이 늘고 있다고 우려했다.

〈워싱턴포스트〉지의 계산방식을 따를 경우 담뱃값 4500원으로 30년간 절약할 수 있는 돈은 8300만 원이 된다. 8300만 원은 김 과장의 2년치 연봉보다 많은 액수이다.

이런 계산 아래 짠돌이 김 과장은 단식의 고통스러운 수행을 견뎌냈고, 이후 10년째 담배를 입에 대지 않고 있다. 대신 그는 처음 2년간 매달 아내로부터 받는 용돈 중 7만 5000원을 따로 저축해 180만 원을 모았다. 40만 원을 투자해 2년간 180만 원을 번 셈이다. 투자 대비 수익률로 따지면 2년간 400퍼센트 이상이 된다. 눈앞에 돈이 쌓이는 걸 보고 기쁘지 않을 사람이 얼마나 될까. 그가 앞으로 30년간 담배를 끊는다면 40만 원의 투자금액은 1만퍼센트가 넘는 엄청난 대박을 터뜨린 투자가 될 것이다.

이렇듯 푼돈이 만들어내는 엄청난 결과를 이해한다면 담배를 계속 피워야 할 이유는 없다. 단 3일간만 담배를 끊어도 이 책을 사는 데 들어간 돈을 건질 수 있을 것이다. 그러면 이 책은 공짜가 된다. 지금 당장 담배 한 갑 살 돈으로 돼지저금통을 하나 사서 매일 담뱃값만큼만 저축해보자. 처음엔 가벼운 돼지저금통이겠지만 곧 몇 십, 몇 백 배에 달하는 이득을 되돌려줄 것이다.

벽놀 한 상을 사서 변기 안에 넣어 누는 것도 마찬가지다. 벽놀 한

장 값으로 매번 물을 내릴 때마다 푼돈이 절약되고, 그것이 모이면 벽돌 수백 장을 살 수 있는 돈이 나온다. 장바구니를 마련하는 것도 매번 사야 할 비닐봉지 값을 계산해보면 투자 수익률이 상당하다.

이처럼 푼돈 재테크가 높은 수익률을 나타내는 이유는 대부분 허투루 날리는 푼돈에는 '반복성'과 '중독성'이라는 특징이 있기 때문이다. 담배, 커피 등은 우리가 소소하게 지출하는 대표적인 푼돈 킬러들이다. 적은 액수지만 끈질기게 돈을 요구한다. 따라서 시간이 흐를수록 그 규모가 눈덩이처럼 커지게 된다.

반대로 이 같은 반복적 지출이 중단될 경우 푼돈이 쌓여 목돈이 된다. 즉 푼돈을 아끼는 소비습관이 작은 지출을 지속적으로 막아줘 큰 돈을 아낄 수 있게 해주는 것이다.

아끼고 아낀 푼돈,
다 어디로 갔을까?

그런데 하나 짚어봐야 할 것이 있다. 아무리 열심히 아껴도 쌓이지 않으면 소용이 없다는 점이다. 따라서 아끼는 것을 넘어서 잘 모을 수 있는 방법을 찾아야 한다. 그렇지 않으면 헛수고다.

예를 들어 담배를 끊었다고 해보자. 이 경우 당연히 담뱃값만큼의 돈이 절약된다. 그러나 따로 모으지 않으면 그 돈은 결국 초콜릿이 되고, 커피가 되고, 알코올이 되어 하늘로 날아간다. 특히 군것질이 늘어날 확률이 높다. 따라서 관리를 철저히 하지 않으면 담뱃값을 모은 돈보다 군것질로 소비하는 돈이 더 들어갈 수 있다. 나아가 몸무게가 늘어나고 건강이 나빠지는 등 달갑지 않은 사태도 발생한다. 배보다 배꼽이 더 커진다.

버스비나 택시비를 아낀 경우도 마찬가지다. 밤늦게 회식이 끝난 뒤 운 좋게 직장동료의 차를 얻어 타거나, 버스 대신 걸어서 거래처를 방문하면 그만큼 교통비가 절약된다. 절약되는 순간에는 기분이 좋다. 그러나 마냥 공돈을 번 느낌에 젖어 있다간 남는 게 없다. 교통비를 절약한 만큼 다른 푼돈 지출이 늘어날 수 있기 때문이다. 따라서 이를 예방하려면 왼손이 아낀 푼돈을 오른손이 모르게 해야 한다. 즉 절약한 푼돈이 다른 범주의 푼돈으로 지출되지 않도록 중간에 블랙홀 장치를 마련해두어야 한다.

결과적으로 푼돈을 아낄 때마다 그만큼의 돈이 통장에 쌓여야 한다. 그렇지 않으면 오늘 아낀 푼돈이 미래의 목돈이 아닌 또 다른 푼돈으로 지갑에서 빠져나간다.

그런데 푼돈을 절약할 때마다 적립하는 방식은 번거롭기에 지속적이고 치밀하지 못할 가능성이 높다. 따라서 우선 절약할 만큼의 액수를 미리 떼어내고 나머지로 생활하는 방법이 효율적이다. 이를 위해선 우선 용돈의 구체적 사용 내역을 분석할 필요가 있다. 그런 뒤 절약할 수 있는 부분을 면밀하게 생각해보고 얼마나 아낄 수 있는지를 계산해 그대로 실천해야 한다.

여기서 하나 주의할 게 있다. 절약할 부분을 찾기 위해 요모조모 적어놓고 보면 갑자기 자신에 대해 관대해지기 십상인 것이 인지상정이다. '점심 먹고 맛있는 커피 한잔하는 게 유일한 낙인데……', '맛있는 과자를 어떻게 줄이지……' 등등의 생각이 나면서 손끝이 무뎌진다. 사실상 줄여도 상관없는데 정말 줄이려고 마음먹으면 왠지 망설여지는 품목이 하나둘 늘어나게 된다.

이런 용두사미식 결론을 막기 위해서는 직관에 의존해 과감히 절약할 액수를 정하는 것도 좋은 방법이다. 예를 들어 눈 딱 감고 용돈의 절반을 오늘부터 절약하겠다고 다짐한 뒤 굳은 의지로 실천하는 것이다. 사실 용돈의 지출은 내 의지와 무관하게 나가야 하는 필수 지출이 아니라 마음먹기에 따라 조정 가능한 '선택적이고 비필수적인 지출'이 많다. 따라서 내가 얼마나 독하게 마음먹느냐에 따라 결과가 달라진다.

실제로 내가 아는 어느 40대 초반 직장인의 이야기다. 그는 한동안 매달 50만 원 정도의 용돈을 사용했다고 한다. 자가용 기름값 10만 원, 휴대폰 요금 5만 원, 출퇴근 교통비 5만 원 정도를 지출하고 남는 30만 원은 점심값과 다른 소소한 일에 사용했다.

그런데 그가 어느 날 그 가운데 절반만을 사용하고 나머지 절반은 뚝 떼어서 저금하기 시작했다. 그리고 마침내 300만 원을 모아 큰아들을 여름 영어캠프에 보내기 시작했는데 그야말로 눈물 나는 아버지의 사랑이 아닐 수 없다. 그는 주말의 가족나들이를 제외하곤 자가용을 사용하지 않았고, 휴대전화도 거의 받는 용도로만 사용했다. 기름값은 한 달 5만 원으로 줄었고, 휴대전화 요금도 2만 원대로 떨어졌다. 아이들의 군것질거리를 사주는 데 쓰는 돈도 대폭 삭감했다. 그리고 나머지 17만 원을 교통비를 비롯한 용돈으로 사용했는데, 가끔 친구들을 만나 소주 마시던 횟수가 줄어든 것 빼고는 크게 부족함을 느끼지 못했다는 게 그의 경험담이다.

어느 날 자신의 용돈이 절반으로 준다면 매우 난감할 것이다. 그렇게 적은 돈으로는 단 하루도 못 살 것 같은 생각이 들 것이다. 그도 처음에는 회의적인 생각이 들었다고 한다. 그러나 너무나 쉽게 용돈을 절반으로 줄여서 한 달, 나아가 1년을 버틸 수 있게 되자 스스로도 새삼 놀랐다고 한다. 그러면서 자신이 얼마나 많은 돈을 푼돈의 형태로 낭비했는지 깨달았다고 한다. 그가 번 것은 단순히 돈 300만 원이 아닌 인생을 아끼고 낭비하지 않는 법이었다.

20대의 푼돈은 금사과와 같다

미혼시절에는 돈이 없어 쩔쩔매다가 결혼한 뒤에는 착실하게 저축하여 경제적 여유를 갖는 등 몰라보게 달라지는 사람들이 많다. 어떻게 그런 일이 가능할까? 혼자 벌어 혼자 살 때보다 혼자 벌어 둘이 살 때 저축이 늘어나는 일 역시 푼돈이 만들어낸 마법과 같은 현상이다. 결혼 전 낭비하는 소비습관이 푼돈 천 원이라도 아끼는 절약모드로 바뀌면서 나타난 현상이다.

그렇다면 혼자 살 때부터 그처럼 아끼면 큰돈을 모을 수 있지 않을까? 맞다. 유혹이 많은 만큼 어려울 수는 있어도 불가능한 일은 아니다. 예를 들어 부부가 200만 원을 벌어 80만 원을 쓰고 20만 원을 저축한다고 했을 때, 혼자 사는 경우라면 40만 원을 쓰고 160만 원을 저축할 수 있다. 그러나 이론상으로는 그렇지만 대개 이런 경우에는 연애다 뭐다 해서 오히려 200만 원 이상을 쓰는 사람이 많다.

하지만 소비의 유혹을 견디고 한 달에 160만 원을 저축한다면 1년에 1920만 원을 모을 수 있다. 그리고 4년이면 원금만 8000만 원 가까이 된다. 이자까지 따진다면 그 이상이 될 것이다. 비록 힘든 아르바이트 두세 개로 월 200만 원을 버는 고단한 삶이더라도 4년간 참고 모으면 사업의 종잣돈 혹은 결혼자금을 마련할 수 있다. 물론 월급이 이보다 더 많은 직장생활을 할 경우 모을 수 있는 액수는 더 늘어난다. 그래서 '젊은 시절의 푼돈은 금사과'인 것이다.

반대로 이처럼 목돈을 마련할 수 있는 기회가 하루하루 푼돈으로 새어나간다면 인생은 낭비될 수밖에 없다. 오래전 TV프로그램 중 인생이 걸린 두 개의 갈림길에서 각각의 선택이 만들어낸 서로 다른 결과를 코믹하게 보여주는 방송이 있었다. 그 프로그램의 메시지는 순간의 선택이 평생을 좌우한다는 것인데, 젊은 시절 푼돈을 소중히 하느냐 그렇지 않느냐에 따라 달라지는 인생의 성적표도 마찬가지로 극과 극일 수 있다.

젊어서는 좀 즐겨야 하는 것 아니냐고 생각할 수도 있다. 하지만 젊어서 열심히 놀면 늙어서 고생할 가능성이 그만큼 높아진다. 실제로 꽃동네의 어느 수녀님 말씀에 따르면 그곳을 찾은 부랑자들 가운데에는 '젊은 시절 방탕한 생활에 대한 죗값을 늙어서 지불한다'고 후회하는 경우가 많다고 한다.

젊어서 놀다 늙어서 고생하느냐, 젊어서 고생하고 늙어서 편하게 즐기느냐는 전적으로 개인이 선택할 문제다. 그러나 돈을 벌어 부자가 되고 싶은 사람이라면 젊은 시절에 푼돈을 아낄 필요가 있다. 그렇게 마련된 목돈은 성공의 가능성도 높여준다.

청년실업이 심각해지면서 많은 젊은이들이 과거에 비해 불안정한 상태에서 직장생활을 시작한다. 아르바이트 혹은 계약직 등 불안한 고용상태로 사회에 첫발을 내딛는 것이다. 이럴 때일수록 열심히 배우고 부지런히 아껴 모으는 직장생활을 경험할 필요가 있다. 더불어 그렇게 아끼고 모은 돈은 몸값을 올리는 재투자나 자기만의 사업을

위해 종잣돈으로 활용될 수 있다.

지금의 20대는 냉혹한 자본주의의 현실을 어느 세대보다 일찍 체험하고 있는지도 모른다. 그러나 긍정적인 면을 보자면, 그만큼 위기에 적응하고 대응하는 법을 젊은 시절에 익힐 수 있다. 이러한 경험은 안락한 곳에서 젊은 시절을 보낸 이들은 결코 맛보기 힘든, 인생의 값진 보물이다.

좋음과 나쁨은 늘 동전의 양면처럼 함께 다닌다. 작용과 반작용처럼 고통은 이를 원점으로 돌릴 에너지를 시간 속에 만들고, 즐거움은 미래의 고통을 시간 속에 쌓아 놓는다. 한겨울 추위와 고통 속에서 땀 흘린 프로야구팀은 시즌 중 승리의 기쁨을 맛보고, 편안하게 훈련한 팀은 저조한 성적에 따른 정신적 스트레스를 받게 된다. 보이지 않는 시간 안에 쌓이는 에너지를 직감할 수 있다면 현재의 고통 혹은 기쁨 너머를 보고 더욱 현명하게 삶의 좌표값을 설정할 수 있다.

깨지기 쉬운 돈과 단단한 돈

푼돈으로 만들어진 목돈은 남다른 특징이 있다. 바로 단단하다는 것이다. 위쪽 목돈이 아래쪽 목돈을 누르면서 강도가 더 세지기 때문이다. 이를 통해 푼돈은 오랜 시간 운동을 통해 단련된 사람의 근육처럼 자랑스러운 '우량 목돈'이 된다.

물론 물리적 관점에서 보면 돈의 무게와 강도는 모든 돈이 동일하다. 그러나 푼돈을 모아 만든 만 원과 길에서 주은 만 원은 엄연히 다르다. 후자는 지갑에서 일주일간 버틸 힘이 없다. 길어봐야 하루면 없어진다. 그러나 아껴 모은 돈은 다르다. 100원짜리 동전 100개를 모아 만든 만 원은 목돈이 되는 그날까지 꿋꿋하게 자기 자리에서 버티고 있을 만큼의 힘이 있다. 즉 돈이 사라지려는 반작용 에너지를 견딜 힘이 생기는 것이다.

한 푼 두 푼 모아 마련한 통장도 마찬가지다. 통장의 무게는 다른 통장과 똑같다. 그러나 그 통장을 잡을 때마다 손끝으로 전해지는 묵직한 느낌은 남다르다. 보이지 않는 시간의 깊이와 인내가 그 통장에 새겨져 있기 때문이다.

이와 달리 복권에 당첨되거나 요행수로 번 돈이 들어있는 통장은 그만큼의 무게감을 느끼기 힘들다. 가볍게 모인 만큼 사라지는 것도 가볍다. 손안에 있던 그 많은 돈이 어느 순간 연기처럼 사라지고 마는 경우가 허다하다.

그렇다면 왜 푼돈이 모여 만들어진 목돈은 더 단단할까? 그 돈에는 피와 땀이 담겨 있기 때문이다. 푼돈을 아끼기 위해선 많이 참아야 한다. 또 한 푼이라도 아낄 수 있을 방법을 찾기 위해 머리도 굴려야 한다. 부지런히 움직이는 것은 기본이다. 이런 과정에서 나온 애씀과 노력이 돈과 돈 사이, 돈과 내 의식 사이의 빈 공간을 채워 푼돈의 집합체를 단단하게 만드는 것이다.

더불어 푼돈이 목돈으로 변화되는 데는 오랜 시간이 필요하다. 그 과정에는 많은 유혹이 도사리고 있다. 그 유혹을 이겨내고 인내한 만큼 단단해지는 것이다. 갑작스러운 횡재로 들어온 돈은 의식적으로 아무리 고귀하게 생각하려 해도 잘 되지 않는다. 인간 의식의 심약성 때문이다.

우리 주변의 건물만 보아도 이러한 사실은 쉽게 알 수 있다. 시간을 두고 지은 건물은 튼튼할 뿐 아니라 오랜 세월을 버틴다. 반면 날림으로 지은 건물은 반년도 안 돼 비가 새는 등 부실한 경우가 많다.

마찬가지로 10년간 한 푼 두 푼 모은 돈은 단단해 오래가지만 로또 당첨으로 들어온 돈은 그렇지 못한 것이다.

라면을 먹기 위해 물을 끓이다 보면 시간이 참 더디다는 생각이 들 때가 있다. 그래서 성급한 사람은 물이 끓기도 전에 라면을 쑥 집어넣는다. 라면 하나를 먹으려고 해도 물이 끓기를 기다려야 하듯이 푼돈이 목돈이 되려면 참고 기다려야 한다. 그 인고의 힘이 푼돈의 집합체를 단단하게 하는 것이다.

부자가 된 뒤 푼돈을 아끼지 않고 사용하다 길거리에 나앉는 사람들이 많다. 아무리 돈이 많아도 아끼고 절약하지 않으면 보이지 않는 자본주의의 심판이 모든 부를 앗아가기 때문이다. 일확천금으로 부자가 된 경우엔 그 확률이 더 높다. 이걸 상징적으로 보여주는 것이 바로 로또다. 로또 당첨자는 몇 십억 원의 돈을 한순간에 움켜쥐게 된다. 로또 초창기에는 그 돈이 수백억 원에 달하기도 했으며, 외국에서는 가끔 수천억 원의 갑부가 로또를 통해 탄생하기도 한다.

매주 탄생하는 로또 벼락부자를 보며 많은 사람들은 그 행운이 자신에게도 찾아오기를 소망한다. 복권 판매점은 이런 사람들로 매주 붐빈다. 로또에 맞을 확률은 800만 분의 1이며, 이는 벼락 맞을 확률보다도 낮다고 한다. 그럼에도 그것만이 부자가 될 수 있는 유일한 길이라 믿고 오늘도 로또를 산다. '로또만 터지면 이 더럽고 치사한 직장 때려친다'는 마음으로 말이다.

그렇다면 로또는 정말 인생역전의 꿈을 실현할 수 있는 마법과 같은 존재일까? 전혀 그렇지 않다. 거의 모든 로또 당첨자는 몇 년 후

대부분 당첨금을 탕진하고 원래의 처지로 되돌아간다. 이것은 우리나라만이 아닌 세계적으로 동일한 현상이다. 사람들은 '나만은 그렇지 않을 것'이라고 생각하지만 대부분 같은 길을 걷는다.

나아가 로또 당첨자들은 갑자기 생긴 돈으로 인해 아는 사람 모르는 사람으로부터 온갖 부탁과 협박을 받고, 심지어 절친한 사람과의 인연도 끊어진다. 잘 지내던 부부가 갈라서는 경우도 있다. 결국 당첨 이전보다 못한 처지로 전락하는 것이다. 이런 사람 중엔 말년에 범죄자로 전락하는 경우도 있다. 있는 돈 다 날린 뒤에도 낭비벽을 고치지 못해 절도 혹은 사기죄로 쇠고랑을 차는 사람이 여기에 속한다. 결국 로또는 바닥 인생을 걷는 사람을 하늘로 떠우는 인생역전을 시킨 뒤 다시 땅으로 내동댕이치는 꿀 바른 독사과나 다름없다. 인생의 커다란 요동을 경험한 로또 당첨자는 추락의 상처만 갖게 되는 것이다.

따라서 현명하고 합리적인 사람은 로또에 돈을 허비하기보단 그 돈을 모으기 위해 노력한다. 푼돈을 절약하는 것은 100퍼센트 성공이 보장된 길이기 때문이다.

마법의 작은 돈

　푼돈을 아껴 목돈을 만들면 여러 용도로 사용할 수 있다. 집의 규모를 늘리거나 부동산에 투자할 수도 있고, 학자금으로 사용할 수 있으며, 불의의 사고나 미래를 위해 계속 비축할 수도 있다.

　푼돈을 모아 사업에 사용할 수도 있다. 사업을 하려면 종잣돈이 필요하다. 흔히 '자본'이라 부르는 것을 의미한다. 푼돈을 모아 마련하거나, 부모 혹은 친척에게 빌리거나, 집을 담보로 대출받거나, 명예퇴직금을 이용하는 등 다양한 방법이 동원된다. 그 많은 방법 가운데 단연코 푼돈으로 만든 종잣돈이 사업을 성공으로 이끌 확률이 가장 높다.

　푼돈이 만들어낸 단단한 목돈은 이미 말했듯이 그 강도가 세다. 따라서 그 돈을 종잣돈 삼아 사업에 나설 경우 든든한 버팀목이 된다.

단단한 땅에 물이 고이듯 꽉 짜인 목돈은 새롭게 떨어지는 돈이 새 나가지 않게 하는 것이다.

푼돈의 종잣돈이 갖고 있는 이런 특징은 허무하게 무너졌던 수많은 벤처기업들의 모습과 비교하면 더욱 두드러지게 나타난다. 벤처 붐이 일었던 10여 년 전 대부분의 벤처기업가들은 신선한 아이디어 하나만으로 엄청난 자금을 '펀딩' 받았고 수중으로 돈이 굴러 들어오자 돈에 대한 감각을 상실했다. 비싼 차를 사고 좋은 음식을 먹는 데 그 돈을 낭비했으며, 질펀한 잔치가 끝난 뒤 불길처럼 일었던 벤처붐은 싸늘히 식었다.

지금도 사업을 꿈꾸는 사람들 중에는 부지런히 움직이고 절제해 아껴 모으려는 노력보다는 쉽게 투자받을 수 있는 방안에 골몰하는 경우가 있다. 그러나 투자 받는 것도 분명 필요하지만 스스로의 노력이 전제되지 않으면 설사 투자에 성공해도 그 돈이 가치 있게 사용되지 못할 가능성이 높다. 따라서 누군가 투자해주길 기다리기보다는 당장은 작아 보이더라도 차분히 돈을 아껴 모으는 노력이 필요하다. 차분히 모으면 그 돈은 분명 커진다.

푼돈을 모으는 과정은 자연스럽게 부자의 기본 소양을 갖추게 해준다. 성공학 전문가들이 꼽는 성공의 기본 필수요건은 부지런함과 검소함이다. 푼돈을 모으기 위해서는 절제해야 하고, 부지런히 움직여야 하며, 유혹에 빠져들지 않도록 마음을 다져야 한다. 워런 버핏 역시 100달러를 버는 것보다 부지런히 1달러를 아끼는 것이 부자가 되기 위해 더 중요하다고 이야기한다.

푼돈을 모으면 '돈맛'을 알게 된다는 것 역시 장점이다. 고기도 먹어본 사람이 먹는다고 하지 않았던가. 돈도 마찬가지이다. 벌어본 사람이 벌고, 모아본 사람이 쉽게 모은다. 푼돈을 모아 목돈을 만드는 과정에서 알게 되는 돈맛은 사업에서 중요한 동기이자 감각이 되어 준다.

푼돈이 주는 돈맛은 구체적으로 두 가지다. 먼저 아끼는 순간에 찾아오는 쾌감이 있다. 예상보다 저렴하게 점심을 해결할 때, 서너 정거장을 걸어 버스비를 아낄 때 남다른 쾌감이 몸에서 솟아난다. 물론 돈을 쓰는 과정에서도 쾌감이 생겨날 수는 있다. 그러나 돈을 쓸 때의 쾌감보다 아낄 때의 쾌감이 더욱 생산적이고 발전적이다. 더불어 아낄 때의 쾌감이 더 오래 지속된다.

푼돈이 모여 목돈이 됐을 때의 돈맛은 더 짜릿하다. 한 푼 두 푼 쌓인 통장을 보며 느끼는 쾌감이 바로 그것이다. 이런 쾌감은 높아만 보이던 산 정상에 올랐을 때의 기분과 비슷하다. 힘들지만 참고 한 발 두 발 오르다 보면 어느 순간 정상에 오른 자신을 발견할 수 있다. 시원한 바람과 함께 발아래 펼쳐진 확 트인 풍경을 바라볼 때의 상쾌함은 그야말로 황홀하다. 차곡차곡 푼돈을 쌓아가던 어느 날 불현듯 다가오는 돈맛의 짜릿함이 이와 같다.

돈이 쌓이는 과정에서 끊임없이 시뮬레이션을 해보게 되는 것도 성공의 요인이다. 푼돈을 모으는 사람들은 목표를 정하고 끊임없이 기다리는 사람이다. 참고 기다리는 동안 모인 돈으로 무엇을 할지 부단히 생각하게 된다.

예를 들어 허리띠를 졸라매 매월 120만 원씩 4000만 원을 만드는 적금을 사업자금 마련을 위해 붓고 있는 사람이 있다고 해보자. 이 사람은 '벼룩시장'의 분식집 광고도 허투루 지나칠 수 없다. 어느 동네에 싼 가게가 나오는지, 내가 분식집을 한다면 어떤 가게를 만들 것인지 끊임없이 생각하고 관심을 둘 것이다. 이런 시뮬레이션이 사업과 투자에 대한 본능적 감각을 키우는 한편 미래를 낙관적으로 보게 한다.

내 자산의 금고지기

국어사전에서 찾아본 푼돈의 정의는 '몇 푼 안 되는 적은 돈', '많지 않은 몇 푼의 돈' 등이다. 얼핏 보면 객관적이고 가치중립적인 단어가 배열된 것 같다. 그러나 뜯어보면 '몇 푼 안 된다'거나 '많지 않다'거나 하는 수식어에서 푼돈을 하찮게 보는 우리 의식의 단면이 드러나 있다. 그만큼 우리에게 푼돈은 '소중함'의 상징이 아닌 '하찮음'의 대명사다.

그러나 그런 하찮은 존재를 소중하게 여기는 사람들도 있다. 바로 자수성가한 부자들이다. 그들은 푼돈을 아끼고 모아 부자가 됐고 부자가 된 뒤에도 푼돈의 소중함을 잊지 않고 살아간다.

부지런히 벌고 알뜰히 투자해 자수성가한 사장님과 점심을 같이할 기회가 있었다. 논 많은 사장님과 간 곳은 그야말로 럭셔리한 고급레스토랑. 그런데 그곳에서 다소 황망한 사건이 벌어졌다. 기분 좋게 식사를 하고 계산에 나선 사장님이 인터넷에서 출력해온 10퍼센트 할인권을 불쑥 꺼내든 것이다. 60대 초로의 사장님은 A4 용지에 복사된 할인권을 카운터에 내밀며 동네 아줌마처럼 야무지게 할인을 요구했다. 문을 열고 나오면서 그는 만 원도 안 되는 돈을 절약했다면서 아이처럼 환한 미소를 지었다.

'연 매출액 천 억대 회사의 사장님이 너무 쫀쫀한 거 아냐?' '얼마 안 되는 돈에 저렇게 집착하는 사람이 혹시 나에게 몇 만 원짜리 점심 사면서 돈 아깝다고 생각하지는 않았을까?' 순간 내 머릿속에는 별의별 생각이 다 떠올랐다.

사장님은 자신이 작은 돈이라도 아끼는 이유에 대해 이렇게 설명했다. '돈은 벌 만큼 벌었다. 남들보다 그리고 예전보다 비싼 점심을 먹는 것도 사실이다. 그러나 생활이 윤택해졌다고 푼돈을 우습게 생각하고 절약하는 습관을 잊어버린다면 피땀으로 쌓아올린 부가 어느 순간 흔적도 없이 사라질 것이다'고 말이다. 따라서 비싼 음식을 먹더라도 단돈 천 원이라도 아낄 수 있는 방법을 찾고 실행에 옮긴다고 한다.

남부럽지 않게 벌어 부자가 되었다면 이제 작은 돈은 무시해도 될까? 그렇지 않다. 부자가 되는 과정뿐 아니라 부자가 된 뒤에도 푼돈 절약은 중요하다. 자신의 부가 온전히 유지되도록 하기 위해서다. 푼돈을 절약함으로써 절제를 잃어버리지 않고 자신의 부를 지킬 수 있는 것이다.

실제로 부자가 된 뒤 많은 사람들이 긴장의 끈을 놓고 만다. 그런데 그 끈이 사라지는 순간 돈은 어느새 다 빠져나간다. 온갖 고생과 알뜰함으로 모은 푼돈은 그걸 막아주는 역할을 한다. 그래서 진정한 부자들은 돈을 모으는 과정뿐만 아니라 부자가 된 뒤에도 검소한 삶을 살아간다.

자수성가한 부자들 중에는 짠돌이들이 많다. 수백억 원의 재산이 있음에도 단돈 10원, 100원을 아끼려 발버둥친다. 대표적인 예가 바로 지금은 고인이 되신 정주영 현대그룹 명예회장이다. 그는 춘추복 한 벌로 1년 사시사철을 버텼다고 한다. 한겨울 추위가 매서우면 춘추복 안에 내의를 받쳐 입고 지냈다. 등산바지도 재봉틀로 깁고 기운 지게꾼 바지와 다름없었다. 구두 역시 닳는 것을 방지하기 위해 굽에 징을 박았을 뿐만 아니라 그 신발을 무려 30년 동안 신고 다녔다고 한다.

사실 몇 천 원, 몇 만 원 아꼈다고 부자들의 재산이 더 늘어났겠는가? 재산이 수천억 원이 넘는 사람에게 양복 한 벌 값이 대수는 아니다. 그러나 그들은 그러한 소비습관을 통해 생활 속에서 검소함의 힘을 잃지 않으려고 노력하는 것이다. 부지런히 일하고 아껴 쓰는 사람만이 현대의 자본주의 경제체제에서 돈을 벌고 또 그 돈을 지킬 수 있음을 그들은 알기 때문이다.

사람의 마음은 간사하다. 서면 앉고 싶고, 앉으면 눕고 싶고, 누우면 자고 싶은 게 사람 심리다. 마찬가지로 돈이 많으면 자연스럽게 쓰임새가 거시고, 쓰임새가 거시면 사치스러운 마음이 들고, 푼돈을 우습게 보는 낭비벽도 싹트기 쉽다. 푼돈은 이처럼 부자가 되어 금전적 여유가 생기면 으레 나타나는 소비의 욕망을 억제해준다. 결국 푼돈은 부자들의 금고지기 역할을 하는 셈이다.

이렇게 본다면 푼돈만큼 인생에 도움이 되고 충성스러운 존재도 없다. 돈이 없을 땐 돈을 벌게 해주고, 돈을 번 뒤에는 이를 지켜주기 때문이다. 그러나 그 푼돈의 충성심은 결코 누가 키워주는 것이 아니다. 본인이 절제하고 아끼고 부지런해짐으로써 스스로 키워나가는 것이다.

어릴 적 부모님으로부터 들었던 새우젓 아저씨 이야기다. 시골에서 도시로 온 한 가난한 농부가 있었다. 그는 늘 새우젓 하나만을 반찬으로 식사하며 열심히 아끼고 부지런히 벌었다. 그렇게 성실하게 산 대가로 시골에서 온 지 얼마 만에 인천에 집과 땅을 샀고, 땅값이 크게 오르면서 농부는 남부럽지 않을 만큼 돈을 모았다.

그런데 어느 순간 그의 밥상이 화려해지기 시작했다. 그는 새우젓만 보면 이제 신물이 넘어온다면서 찢어지게 가난했던 과거의 생활을 보상받으려는 듯 '돈 쓰는 맛'에 나날이 빠져들었다. 한번 새어나가기 시작한 돈은 언젠가는 바닥을 보이는 법이다. 결국 얼마 되지 않아 그는 돈이 궁해지기 시작했다.

만일 돈을 번 뒤에도 새우젓으로 밥을 먹던 어려운 시절을 상기하고 소박한 '새우젓 식사'를 했다면 상황은 어떻게 되었을까? 한 끼의 새우젓 식사로 절약할 수 있는 반찬값은 비록 푼돈에 불과하지만 그 밥상이 흐트러지는 그에게 가난했던 날의 절약정신을 일깨워주었을 것이다. 부자가 된 뒤에도 푼돈을 무시해서는 안 되는 이유가 여기에 있다.

부자가 푼돈을 아껴야 하는 또 다른 이유는 무감각해지는 것을 막기 위해서이다. 즉 존재감을 느끼기 위한 방편으로 푼돈을 모으기도 한다. 푼돈은 이런 무감각해지는 것을 막는 자극제가 된다.

자동차가 출발해 가속이 붙기 시작하면 운전자나 동승자나 속도감을 느끼게 된다. 뻥 뚫린 고속도로에서 시속 100킬로미터 이상으로 달리면 더할 나위 없이 기분 좋게 느껴진다. 상쾌할 뿐만 아니라 자연스레 스트레스가 해소된다.

그러나 고속으로 장시간 주행하면 운전자는 어느새 속도감을 잃어버린다. 빨리 달리지만 빨리 달리는 느낌이 들지 않는다. 내 옆으로 나란히 달리는 차를 보면 마치 내 차가 정지해 있는 듯 착각하게 된다. 또 120킬로미터로 달리다 90킬로미터로 떨어지면 차가 무척 느리게 간다는 생각이 든다. 시속 160킬로미터 주행이 일상화된 LA-라스베이거스 간 사막길에서는 시속 120킬로미터로 달려도 느리다는 느낌이 든다고 한다.

돈 역시 마찬가지다. 무일푼으로 돈을 모을 땐 돈이 붙는 속도감이 느껴지지만 어느 정도 수준에 오르면 속도감이 떨어진다. 100만 원이 큰지 적은지 감이 없고, 한 끼 식사에 3만 원을 쓰는 게 많은지 적은지 모른다. 돈에 대한 감각이 사라지면서 지출에 대한 경각심도 줄어든다.

보통사람들도 갑삭스럽게 큰돈이 생기면 돈에 대한 속도감을 잃어버릴 수 있다. 예를 들어 백화점 경품에 당첨되어 몇 백만 원이 생겼다고 해보자. 점심을 5000원에 해결하던 사람도 이렇게 공돈이 생기면 2만 원짜리 점심을 사먹어도 비싸다는 생각을 하지 못한다. 친구들에게 한 턱 내면서 삼겹살 1, 2인분 추가하는 것도 대수롭지 않게 느껴진다. 고속주행자가 속도에 무감각해지듯이 내가 쓰는 돈의 양과 속도에 대한 감각이 무뎌지는 것이다.

이런 속도감 상실이 문제되는 이유는 대형사고를 유발한다는 점이다. 속도감이 무뎌진 상태에서 깜빡 실수하면 고속주행자는 대형사고를 일으킨다.

마찬가지로 부자가 된 뒤 돈에 대한 감각을 잃어버리면 치명적 사고를 당하게 된다. 주변을 도는 돈의 규모가 크고 속도가 빠른 만큼 사고도 클 수밖에 없기 때문이다. 이를테면 주식투자로 한때 30억 원을 벌었지만 그 뒤 돈에 대한 감각을 상실한 채 욕심을 부리다가 오히려 여기저기서 끌어 모은 돈 60억 원을 날린 뒤 도망 다니는 사람의 이야기를 어렵지 않게 접하게 된다.

작은 돈을 아낀다는 것은 부자들에게 자칫 상실하기 쉬운 속도감을 일깨우는 것이다. 마치 고속주행자가 창문으로 들어오는 찬바람을 통해 차의 속도감을 느끼는 것과 마찬가지다. 피부를 때리는 강한 바람 속에서 빠른 속도로 달리고 있음을 느낄 수 있듯이 푼돈을 아낌으로써 부자는 내 재산과 내가 지출하는 돈의 규모가 얼마나 큰지 느낄 수 있다.

결국 푼돈을 아끼는 노력은 부자가 되기 위해서도, 그리고 부자가 된 뒤에도 필요하다. 즉 부자가 되고 싶은 사람은 돈을 벌기 위해 푼돈을 아껴야 하고, 돈을 번 사람은 이를 지키기 위해 푼돈을 절약해야 하는 것이다. 그런 단련을 통과한 사람만이 부를 이룰 수 있고 또 지킬 수 있다.

욕망에 대한 끝없는 추구는 역설적이게도 욕구 불만족으로 이어진다. 끝없는 인간의 욕심을 채울 수 있는 게 세상엔 없기 때문이다.

억제, 절제, 검소

　푼돈은 사회통념상 5000원 미만의 돈이다. 즉 동전이며 지폐며 모두 합해도 율곡 이이의 초상화가 그려져 있는 5000원권 지폐로 교환할 수 없을 정도의 작은 돈이다.

　그러나 말 그대로 사회통념일 뿐 푼돈의 기준은 돈을 대하는 개인의 의식에 따라 다양하다. 푼돈을 마법의 작은 돈으로 생각하는 사람에게는 100원짜리 동전도 하찮은 돈이 아니다. 반면 돈을 물 쓰듯 탕진하는 사람에겐 만 원도 하찮은 돈에 불과하다.

　이런 푼돈을 아낄 수 있는 방법은 크게 세 가지다. 첫 번째는 푼돈으로 구매하는 제품의 소비를 줄이는 것이다. 즉 담배를 끊어 담뱃값을 아끼고, 테이크아웃 커피전문점의 카페모카가 아닌 그보다 싼 자동판매기 커피를 이용하거나 직접 만들어먹는 방법이 있다. 또한 택시 대신 버스를 타고, 버스 대신 걸어 다님으로써 교통비 역시 줄일 수 있다. 이런 첫 번째 방식은 '억제를 통한 푼돈 절약'이라고 할 수 있다.

또 다른 방법은 절제를 통해 푼돈을 아끼는 방법이다. 예를 들어 딱 한 잔 더 마시고 싶은 욕구를 참아 맥주 500cc의 값 2000원을 절약하는 것이 여기에 속한다. 술집에서 마시는 대신 편의점에서 캔맥주를 사서 마셨다면 더 많은 돈을 아낄 수 있을 것이다. 고깃집에서 막판 포만감을 위해 삼겹살 1인분 더 주문하고 싶은 욕구를 제어하는 것 역시 마찬가지다. 이런 방식은 '절제를 통한 푼돈 절약'이라고 볼 수 있다. 같은 맥락에서 가정주부들이 수도요금과 전기요금을 줄이기 위해 갖가지 눈물겨운 아이디어를 적용하는 것도 절제를 통한 푼돈 절약에 포함된다.

마지막으로 제품을 오래 사용하여 푼돈을 아끼는 방법이 있다. 같은 제품을 다른 사람보다 오래 사용해 돈을 절약하는 것이다. 예를 들어 평균 3년 신고 다닐 수 있는 10만 원짜리 구두를 만 원을 들여 수선한 뒤 6년 동안 신고 다닌 경우가 여기에 속한다. 결국 이 사람은 10만원 들여 신발 한 켤레를 더 사야 할 기간을 단돈 만 원으로 버텼기 때문에 3년간 9만 원을 아낀 셈이다. 9만 원을 3년의 날짜 수로 나누면 하루 약 90원이란 금액이 나온다. 따라서 그는 구두 굽을 교체한 낡은 신발을 신으면서 매일 90원씩 절약한 것이다. 이렇게 있는 물건을 아끼고 아껴 다른 사람보다 오래 사용한 경우도 푼돈을 절약했다고 볼 수 있다. 이런 방식은 '감소함을 통한 푼돈 절약'이다.

종합해보면 푼돈을 아낀다는 것은 결국 불필요한 작은 지출을 억제하고, 욕구를 절제하며, 생활을 검소하게 유지하는 것이다. 즉, 지출을 줄이는 것 이외에도 다양한 방식으로 푼돈을 절약할 수 있는 길이 있다는 것이다. 깨어있는 의식이 있다면 메울 수 있는 소소한 구멍을 쉽고 다양하게 찾을 수 있다.

그렇다면 나는 한 달에 얼마를 절약할 수 있을까? 괄호 안은 월평균 절감 비용이다. 이 중 자신에게 맞는 항목을 선택해서 나만의 습관으로 만들어가고 조금씩 저축액을 늘려야 할 것이다.

1. 헬스클럽 대신 가까운 운동장이나 공원에서 걷거나 달린다.(월 5~10만 원)

2. 자가용 대신 버스, 지하철, 카풀을 이용한다.(월 14~17만 원)

3. 점심을 사 먹는 대신 도시락이나 가까운 회사식당을 이용한다.(월 4~8만 원)

4. 마트에서 싸다고 과다 포장된 물건을 사지 않는다.(월 2~3만 원)

5. 친구들에게 '다음에 쏠게' 하고 기분 내지 않는다.(월 3~7만 원)

6. 자취보다 기숙사를 이용한다.(월 15~40만 원)

7. 점심식사 후 테이크아웃 커피 대신 집이나 회사에서 타 마신다.(월 3~5만 원)

8. 백화점 쇼핑 대신 보세의류 쇼핑을 즐긴다.(월 10~20만 원)

9. 외식을 하기보다 집에서 직접 요리해 먹는다.(월 4~ 6만 원)

10. 한두 번 정도는 영화관을 가는 대신 다른 저렴한 방식으로 영화를 본다.(월 1~2만 원)

푼돈의 역습

  푼돈을 아낄 때 염두에 두어야 할 것이 하나 있다. 내 푼돈을 아끼기 위해 다른 사람 혹은 사회적 자원을 낭비해서는 안 된다는 것이다. 그것은 푼돈 절약이 아닌 단순한 낭비다.

  거래소 상장기업의 임원인 A는 출퇴근에 들어가는 버스비 1050원을 아끼기 위해 택시비로 7000원을 쓴다. 영수증을 첨부해 제출하면 회사로부터 매월 택시비 20만 원을 지원받을 수 있기 때문이다. 업무상 택시를 타야 하는 경우가 많은 임원들을 지원하기 위해서다. 그러나 돌아다녀야 할 일이 많지 않은 A는 이렇게 책정된 택시비를 출퇴근 버스비 절약에 활용한다.

  A는 월말이면 출퇴근에 이용한 택시비 영수증을 모아 회사에 제출한다. 때로는 아내의 택시요금 영수증까지 첨부해 회사에서 직지 않

은 돈을 받아낸다. 매월 택시비를 회사로부터 받을 때면 자신의 호주머니에서 나가는 버스비를 아꼈다는 생각에 하늘을 나는 듯 기분이 좋다고 그는 말한다.

이 경우 A는 정말 푼돈 재테크를 제대로 하는 사람일까? 물론 그가 돈을 절약하기 위해 버스 정류장 서너 구간은 기본적으로 걸어 다닐 만큼 구두쇠인 것은 사실이다. 기업의 임원이 된 뒤에도 자가용을 가급적 타지 않을 정도의 짠돌이이기도 하다. 동료 직원들에게도 밥 한 번 산 적이 없을 만큼 왕소금 소리를 들으면서 회사를 다녔다. 덕분에 그는 강남의 고급 아파트도 마련할 수 있었다.

그러나 A가 버스비 절약을 위해 택시를 탄 것은 사회적 낭비를 초래하는 일이다. 즉 내 돈은 아낄 수 있었지만 기름을 낭비했고 회사에 손해를 입혔다고 할 수 있다. 주식시장에 상장된 회사는 특정 개인이 아닌 주주들이 주인이다. 결국 A는 이런 공공기업의 재산에 손실을 입히고 있는 것이다.

A가 아니더라도 회사의 재산을 남의 것으로 생각하고 마구 사용하는 사람들이 있다. 특히 경영이 방만한 기업일수록 이런 일이 더 자주 벌어진다. 옆 사람이 흥청망청 사용하면 나도 손해 보지 않기 위해서 따라 해야 덜 억울하다고 생각한다.

뿐만 아니라 소중히 가꿔 후손 만대에 물려주어야 할 소중한 공공자원을 낭비하는 경우도 있다. 세차비를 아끼기 위해 국립공원 개울가에서 차를 닦거나, 공중화장실의 휴지를 통째로 뽑아 가져가는 것이다. 이런 식의 푼돈 절약은 하나를 아끼는 대신 열을 소비하는 것이기에 결국 낭비다. 내 푼돈은 아끼겠지만 소중한 사회적 자원을 허비한 셈이다.

　푼돈을 아낀다는 것은 단순히 주머니의 쌈짓돈을 절약하는 것만이 아니라 한정된 자원을 아끼는 것이기도 하다. 즉 네 개 사용할 것을 세 개로 줄이는 것이다. 이와 함께 남은 두 개 혹은 한 개는 미래와 후세를 위해 남겨두는 나눔의 정신이 푼돈의 미학 안에 포함되어 있다. 내 돈을 아끼기 위해 다음 세대가 사용해야 할 자원이나 자신이 속한 조직의 자원을 낭비하는 것은 올바른 푼돈 절약이 아니다. 먼저 태어났다는 이유만으로 다음 세대 몫까지 마구 써댄다면 인류 역시 공룡처럼 멸망하는 날을 맞이하지 말라는 보장이 없다. 종족 보존을 위해서라도 인류는 불필요한 낭비를 줄여야만 하는 시점에 이미 와 있다.

샘 월튼의 통찰

〈포천〉지에 따르면 2014년 미국의 최고 부자는 800억 달러(한화 80조 원)의 자산을 소유한 빌 게이츠이고, 2위는 670억 달러의 워런 버핏이다. 그러나 사실 미국 최고의 갑부는 빌 게이츠나 워런 버핏이 아닌 월마트를 소유한 샘 월튼 회장의 일가라고 할 수 있다. 같은 조사에 따르면 창업주인 샘 월튼(350억 달러)과 그의 가족이자 월마트의 대주주인 크리스 월튼(380억 달러), 짐 월튼(365억 달러), 엘리스 월튼(380억 달러) 등 일가의 재산을 합칠 경우 자산 규모가 빌 게이츠나 워런 버핏의 두 배에 가깝다.

그렇다면 월마트는 자산을 어떻게 그토록 크게 키울 수 있었을까? 그것은 바로 첨단기술이나 금융을 통해서가 아니라 가격파괴 덕분이었다. 가격을 싸게 함으로써 더 큰 돈을 번 것이다. 어떻게 이것이 가능할까? 월마트의 전략은 이를테면 제품당 제작비를 200원 줄여 그 제품을 150원 싸게 팔고 50원은 순이익으로 남기는 방식이었다. 이렇게 하면 물건도 싸게 팔고, 순이익도 50원 늘릴 수 있다.

고객들은 단돈 100원이라도 싸게 파는 곳에서 물건을 구매한다. 그럴수록 그 제품을 파는 기업의 이윤은 늘어난다. 비록 늘어난 수익 50원이 판매가의 5퍼센트밖에 안 되는 금액이지만, 순이익은 20퍼센트가 늘어날 수 있다. 나아가 판매량이 1,000개에서 1,500개로 증가하면 순이익은 250원씩 1,000개를 팔아 25만 원을 남기던 것에서 300원씩 45만 원이 된다. 순이익이 거의 50퍼센트 가까이 늘어나는 것이다. 작은 것이 결코 작지 않은 것이다. 이를 이해하지 못한다면 결코 돈은 내 손에 머물지 않는다.

하루는 샘 월튼을 취재하기 위해 모인 기자들이 검소하기로 소문난 그를 시험해보기로 하고 그가 걸어가는 길에 1센트짜리 동전을 던져놓고 줍는지 안 줍는지 보기로 했다. 기자들이 동전을 던져놓고 난 뒤 1분 정도 지난 후 월튼이 탄 자동차가 나타났고, 차에서 내려 걸어가던 그는 갑자기 허리를 굽혀 동전을 주웠다. 세계적인 갑부가 보통사람도 소홀히 여기는 1센트짜리 동전을 주우려 허리를 굽혔다는 사실에 기자들은

매우 놀랐다고 한다. 놀란 기자들에게 월튼은 이런 말을 했다.

"대공황의 경험 때문인지 저는 어린 시절부터 무엇이든 아끼는 습관에 익숙해 있습니다."

결과적으로 샘 월튼은 근검한 생활을 하면서 푼돈이 새는 틈을 직관적으로 통찰했다. 그리고 그 틈을 막음으로써 제품 가격도 낮추고 이윤도 동시에 늘릴 수 있었다. 푼돈이 유통업체의 이윤을 얼마나 크게 늘리는지 알고 있었기 때문이다. 그를 세계적 부자로 만든 것은 바로 푼돈에 대한 통찰이었다고 할 수 있다.

2장

한 푼이라도
꼼꼼히 따져라

．
．
．

수입이 적을 때가 저축하기 더 쉽다.
같은 퍼센티지라도 금액이 많아질수록
훨씬 무겁게 느껴지기 때문이다.

– 보도 섀퍼

．
．
．

푼돈의 착각에 속지 마라

합리적 소비를 막고 푼돈 절약을 방해하는 것들이 있다. 이를 극복하는 노력이 필요한데 그 가운데 재미있는 것 하나가 '푼돈의 착각'이다. 착시현상처럼 적은 돈이 많게 보이고 많은 돈이 적게 보이는 현상이다.

예를 들어 두 개의 백화점이 나란히 있는데 한 백화점에서 야구 글러브를 만 원에 팔고 있다고 하자. 그런데 지나가던 쇼핑객이 옆 백화점에서 같은 제품을 9000원에 판다고 슬쩍 귀띔해준다. 푼돈에 무감각한 사람은 천 원이 아깝긴 하지만 귀찮아서 그 자리에서 물건을 살 것이다. 그러나 푼돈을 아끼는 사람은 백화점 점원에게 왜 옆집보다 비싸게 파냐고 투덜거린 뒤 다리품을 팔더라도 옆 백화점에서 천 원 저렴하게 물건을 살 가능성이 높다.

그런데 같은 사람이 105만 원에 파는 대형TV를 구입하기 위해 동일한 백화점에 들렀다고 하자. 이번에도 지나가던 쇼핑객이 옆 백화점에서 같은 모델의 TV를 104만 원에 판다고 귀띔해준다. 그렇다면 천 원 아끼기 위해 옆 백화점을 찾았던 사람이 이번에도 같은 선택을 할까? 옆 백화점으로 옮겨가는 수고를 하기보다 그 자리에서 105만 원을 주고 제품을 구입할 가능성이 높다. 옆 백화점의 가격이 그렇게 저렴하다고 느껴지지 않기 때문이다.

천 원을 아끼기 위해 백화점을 옮겨가는 수고를 했던 사람이 그보다 열 배인 만 원을 아낄 수 있는 길은 과감히 포기하는 것이다. 이런 현상은 돈의 절대적 가치와 상대적 가치에 대한 심리적 착각에서 기인한다고 볼 수 있다. 실제 1만 원 하는 제품을 9000원에 구매할 경우 절약하는 돈은 천 원에 불과하지만 비율로 따지면 10퍼센트이다. 반면 105만 원 하는 제품을 104만 원에 사는 것은 할인율로 따지면 1퍼센트에도 못 미친다. 즉 심리적으로 느끼는 가격 차이가 적다. 따라서 금액으로 보면 천 원을 아낄 때의 열 배이지만 심리적으로는 많이 아낀다는 생각이 들지 않는다. 따라서 천 원을 아끼기 위해 노력하는 사람도 만 원을 아낄 수 있는 길은 자발적으로 포기하는 것이다.

종합해보면 푼돈에 대한 판단이 심리적인 잣대에 의해서도 좌우된다는 것을 알 수 있다. 즉 어떤 경우엔 만 원이 푼돈처럼 느껴질 수 있고 또 어떤 경우엔 천 원도 소중하게 생각되는 것이다.

따라서 돈을 절약하기 위해서는 모든 것을 절대적 가치로 판단해야 한다. 그렇지 않고 상대적 가치로 판단해 착각에 빠질 경우 작은 돈은 아끼면서 큰돈을 잃어버릴 수 있다. 또 다른 예를 들어 삼각김밥을 10퍼센트가량 할인해 500원에 파는 편의점이 있다고 하자. 비록 100원이지만 600원짜리를 500원에 살 경우 많이 아낀다는 느낌이 든다. 따라서 몇 분 더 걸어가더라도 그곳까지 가서 사는 경우가 많다. 그런데 저녁 때 삼겹살에 소주 한잔 마시면서 막판 포만감을 위해 삼겹살 1인분을 추가하는 것은 그리 심각하게 생각하지 않는다. 5인분이나 6인분이나 내는 돈이 비슷하다고 생각한다. 돈도 나가고 많이 먹어 살도 찐다. 이런 착각에 빠지지 않도록 하는 것이 푼돈 절약의 또 다른 노하우이다.

이런 심리를 이용해 비싼 제품을 산 고객에게 낮은 가격대의 다른 상품군을 권하면 쉽게 손이 가기도 한다. 예를 들어 넥타이를 사러 온 고객에게 5만 원짜리 제품을 보여주면 비싸다는 생각에 선뜻 손이 나가지 않는다. 그런데 100만 원짜리 양복을 산 고객은 같은 넥타이에 다르게 반응하기 쉽다. 좀 더 쉽게 5만 원 하는 넥타이를 집어 든다. 이미 100만 원을 쓴 경험이 머릿속에 있기에 5만 원을 큰돈으로 인식하지 못하는 것이다.

따라서 유능한 점원이라면 넥타이만 사러 온 사람에게는 저렴한 제품을 소개하겠지만 양복을 산 사람에겐 옷에 어울리는 비싼 넥타이를 권해볼 것이다. 푼돈의 착각을 이해하는 사람이라면 점원의 이같은 전술을 간파할 뿐만 아니라 역공을 취해 밝게 웃으며 '서비스로 주실 수 없나요?'라고 슬쩍 붙어볼 수 있어야 하시 않을까.

이사를 하거나 집을 수리할 때도 비슷한 경험을 자주 한다. 예컨대 인테리어 견적이 500만 원이 나왔다고 해보자. 순간 시공업체는 50만 원 하는 다른 공사도 추가할 것을 권한다. 예를 들어 욕실의 세면대도 교체하는 게 좋지 않을까 하고 묻는다. 그러면 사람들은 쉽게 승낙을 한다. 이미 500만 원을 썼기에 50만 원 추가되는 건 별것 아니라는 생각이 강하게 들기 때문이다.

소비는 미덕이라는 환상

　60, 70년대까지만 해도 푼돈은 서민들에게 무척 소중한 존재였다. 돈을 낭비하지 않고 대신 부지런히 저축을 했다. 그런데 언젠가부터 '소비는 미덕'이란 생각이 우리 사회에 파고들면서 소비 패러다임이 바뀌었다. 소비를 권하는 사회가 된 것이다. 국민들이 물건을 많이 사야 기업들도 생산을 많이 하게 되고, 기업이 열심히 물건을 만들어야 경제가 좋아지고 일자리도 늘어난다는 식의 논리가 소비는 미덕이란 주장의 핵심에 자리 잡고 있다.

　이에 따라 저축률은 크게 하락했다. 오랫동안 OECD 국가 중 최고를 기록했지만 20세기 말 소비가 미덕이란 생각이 확산되면서 떨어지기 시작했고, 2013년에는 OECD 평균인 5.3퍼센트에 못 미치는 4.5퍼센트를 기록했다. 이는 스위스(13.3%), 호주(10.4%), 독일(10%)

보다 한참 아래며 미국(4.5%)과는 동률이다.

특히 1997년 IMF 금융위기 이후 정부 정책이 소비 촉진으로 정해지고, 언론과 기업이 호응하고, 쓰는 맛에 즐거움을 느낀 국민들이 동참하면서 흥청망청 소비하기 시작했다. 소비가 국가경제를 살리는 길로 인식되는 이상 과소비에 대한 그 어떤 죄책감도 느낄 공간은 없었다.

이에 따라 과소비로 지탄받던 행동은 미덕이 되고, 비난의 대상이던 사치품은 선망의 대상인 명품으로 거듭 태어났다. '저축은 국력이다'라는 말에 허리띠를 졸라매던 60, 70년대와 정반대의 키워드가 우리 사회를 지배하기 시작한 것이다.

그러면서 서민들은 한 푼 두 푼 모아둔 저금통장을 깨기 시작했고, 예금통장이 바닥나자 대출과 신용카드 등으로 미래의 소득을 가불해 사용하기 시작했다. 소비의 미덕을 강조한 정부는 금리를 거의 제로 수준으로 낮추면서 국민들의 소비욕을 부추겼다. 그러나 인간의 욕망은 끝이 없는 법. 많은 사람들은 결국 1년간 꼬박 모아도 갚기 힘든 빚을 지고 신용불량자가 되기도 했다. 빚을 못 갚는 사람이 늘면서 카드사는 부실해졌고 결국 2003년에는 카드대란이라는 쓰디쓴 경험까지 맛봐야 했다.

이런 질펀한 소비 잔치의 후유증은 아직도 계속되고 있다. 대표적인 것이 양극화 현상이다. 신용카드 대란의 여파로 신용불량자가 된 사람과 그 가족들 상당수는 우리 사회의 신빈곤층으로 전락했다. 내수 활성화에 따른 거품 경기로 부동산 가격이 급등하여 집 없는 서민들은 더더욱 내 집 마련이 힘들게 됐다.

　그 과정에서 '소비는 미덕'이라는 논리의 허구성을 사람들이 깨닫기 시작했고, 부작용을 경험한 정부도 이제는 더 이상 소비를 강조하지는 않는다. 그렇다면 무엇이 문제일까?

　우선 사람들이 물건을 사야 기업들이 많이 생산한다는 것은 맞다. 특히 자동차는 꼭 현대를 사고 전자제품은 삼성과 LG를 사는 애국심 강한 국민들의 특성상 소비를 많이 하면 할수록 우리나라 기업들의 생산이 늘어난다.

　그러나 소비 증가가 기업들의 투자 증가로 이어지지 않았다. 기업들은 늘어난 수요를 중국 공장에서 들여와 맞추었고 물건을 판 돈은 재투자하는 대신 은행에 고스란히 보관했다. 지난 2014년 9월 말 기준으로 10대 기업의 현금보유액이 전년 말 대비 16조 원 늘어 125조원이었다고 한다. 국민이 쓴 돈이 돌지 않고 기업 통장에 쌓이기만 하는 것이다. 따라서 일자리도 늘지 않았다. 대신 기업들이 은행에 쌓은 돈은 주택담보대출의 형태로 부동산 시장으로 흘러갔고 부동산 거품의 형성을 초래하거나 국민들의 가계부채를 증가시키는 데 혁혁한 공을 세웠다.

　결국 '소비는 미덕'이라는 논리를 만들며 생각했던 소비 증가-생산 활성화-경제 성장-일자리 창출-소득 증가라는 연쇄반응이 지속되지 않은 것이다. 청년실업은 여전히 높고, 경기는 아직 불투명하다. 거기다 양극화라는 새로운 경제문제는 시간이 갈수록 더 심각해시고 있다.

'소비는 미덕'의 후유증이 남긴 교훈 중 하나는 절제의 미덕이 없는 소비는 결코 합리적일 수도, 국가경제를 발전시킬 수도 없다는 사실이다. 소비에 앞서 절제가 선행되어야 한다. 아끼고 아껴 모은 돈으로 우선 목돈을 만들고 그 후에 사업 등 생산적인 곳에 투자하는 소비가 이뤄져야 자본주의가 건강하게 작동한다는 것이다. 결국 자본주의 원칙의 근원에 절약정신이 자리 잡고 있는 셈이다.

더불어 소비가 미덕이 되기 위해선 궁극적으로 개인이 아닌 기업의 소비가 늘어야 한다. 없는 사람들에게 신용카드를 만들어준 뒤 소비를 재촉하는 것보다 더 필요한 것은 기업이 소비할 수 있는 분위기를 만드는 것이다.

그렇다면 기업의 소비는 무엇인가. 공장을 세우고 사람들을 고용하는 투자가 바로 기업의 소비이다. 이런 면에서 개인들이 아끼고 아낀 돈을 모아 사업에 투자하는 것도 결국은 기업 소비의 일종일 수 있으며 경제발전의 바탕이 될 수 있다.

비경제적인 일확천금의 꿈, 경제적인 푼돈의 꿈

아는 분의 부동산에 잠시 앉아 있는데, 낡은 자전거를 타고 온 70대쯤 되어 보이는 할아버지가 들어왔다. 허름한 차림에 주름진 얼굴은 뭐랄까 폐지를 줍는 노인의 몰골이었다. 할아버지는 딸이 네일샵을 열 만한 자리가 있는지 물어왔다.

할아버지는 부동산 사장님과 이런저런 이야기를 나누더니 갑자기 분양받은 5억 원이 넘는 상가 이야기를 하면서 임차인을 찾아달라고 물권을 내놓았다. 그리고 한참 분양받은 상가 이야기를 하다가 이번에는 2억 8000만 원에 28평 아파트를 매물로 내놓았다. 할아버지의 입에서는 계속해서 보유한 부동산들이 쏟아져 나왔다. 허름한 차림과 달리 부자였던 것이다. 부동산 사장님은 '절대 외모나 옷차림으로 판단해서는 안 된다'고 나에게 귀뜸을 해줬다.

대부분의 사람들은 돈은 벌고 싶어 하면서도 부지런히 일하고 열심히 아끼는 것은 불편하고 어려워한다. 그만큼 힘들기 때문이다. 힘든 만큼 우리에게 부자가 될 수 있는 물질적, 정신적 기회를 제공하지만 몸과 마음이 자꾸만 그 반대쪽으로 움직인다.

그래서 결국 힘들이지 않고 돈 버는 '비법'을 찾는다. 일확천금의 꿈에 빠지는 것이다. 생활비 한 푼 벌지 못하는 백수 남편이 바가지 긁는 아내를 향해 당당하게 '인생은 한 방이야, 나중에 후회하지 말고 지금 잘해'라며 거드름을 피우는 드라마 장면이 다름 아닌 우리의 현실이다.

일확천금에 대한 허망한 꿈을 꾸는 사람들이 많은 이유는 급속한 경제개발 과정에서 갑작스레 부자가 된 경우가 많은 데서도 그 원인을 찾을 수 있다. 지난 60, 70년대에 경제가 빠른 속도로 성장하면서 무일푼으로 서울에 상경하여 자수성가한 사람들이 우리 주변엔 적지 않다. 부동산 가격이 급등하여 하루아침에 돈벼락을 맞은 사람들의 이야기도 심심치 않게 들을 수 있다.

어느 날 신도시 개발로 껌값에 불과하던 땅이 금값이 되어 돈을 번 사람들은 몇 년 안에 모든 재산을 까먹기 쉽다. 이와 반대로 부지런히 정보를 수집하고 아껴 모은 돈으로 투자한 사람들은 그 자리를 대신 차지한다. 일확천금으로 돈을 벌어도 결국 부지런히 노력하고 아끼는 사람은 당해내지 못한다.

일확천금에 대한 잘못된 환상은 다양한 사회적 문제를 양산한다. 그 가운데 하나가 남의 주머니를 털어 손쉽게 큰돈 벌 수 있는 길을 찾는 것이다. 사기에 다름 아니다. 일확천금을 노리는 또 다른 사람들이 특히 이런 사람들의 먹잇감으로 선정되는 경우가 많다. 도박에도 쉽게 빠진다. 도박 역시 작은 돈으로 큰돈을 벌 수 있다는 환상을 갖게 해주기 때문이다.

이처럼 일확천금을 꿈꾸는 사람은 당연히 푼돈을 하찮게 여긴다. 그들의 마음속에는 '푼돈을 모아서 언제 돈 버냐' '한 방이면 되는데 뭘 그리 구질구질하게 사느냐'라는 생각이 자리잡고 있다. 그러나 구질구질하게 살면서 하루 만 원의 푼돈을 모을 경우 한 달이면 30만 원이 모인다. 물론 30만 원이 하찮게 느껴질 수도 있다. 로또 중독자라면 30만 원으로 로또를 구매하면 30억 원을 만들 수 있다는 유혹에 빠질 것이다. 그러나 그렇게 30만 원을 1년간 모으면 360만 원이 되고, 10년이면 3600만 원이 된다. 일확천금도 좋지만 확률이 낮은 로또를 노리는 것보다 확률이 높은 푼돈 절약을 실천하는 게 정신적으로나 육체적으로나 건강하다. 로또에 맞을 확률은 800만 분의 1이지만 하루 만 원씩 모아 1년에 360만 원을 모을 확률은 100퍼센트다.

자본 생활지수를 높여라

우리나라는 자본주의 시스템으로 운영되고 있다. 따라서 개인의 재산이 인정되고 법의 테두리 안에서 재산을 늘리는 돈벌이가 보장된다. 여기서 '최소비용, 최대효과'는 돈벌이를 위해 지켜야 할 원칙 가운데 하나다. 즉 가능한 한 적은 비용으로 최대효과를 만들어내야 남는 게 많은 것이다. 소비자라면 적은 돈으로 높은 효용가치를 창출하는 것이 '최소비용, 최대효과'를 추구하는 길이고 기업은 최소비용으로 최대 매출과 이익을 내는 것이다.

경제학에서도 최소비용 최대효과는 모든 사람들이 기본적으로 추구하는 합리적인 정신으로 간주된다. 즉 경제이론에 등장하는 모든 사람은 이 원칙을 철저히 지키는 자본주의형 인간인 것이다.

그런데 가만히 들여다보면 최소비용 최대효과를 실현하는 방식엔

두 가지가 있음을 알 수 있다. 첫 번째는 비용을 최소화하는 것이고, 두 번째는 효과를 최대화하는 것이다. 예를 들어 같은 시간을 일하더라도 월급 200만 원을 주는 직장에서 400만 원을 주는 직장으로 옮길 수 있다면 내 노동력의 판매 효과는 두 배로 높아진다(물론 근무시간 등 다른 조건은 동일하다). 따라서 월급을 많이 주는 직장으로 옮기는 것이 당연하다.

그런데 월급 200만 원은 그대로여도 한 달간 들어간 비용이 100만 원에서 50만 원으로 준다면 이 역시 효용가치가 상승한 것이다. 효용을 극대화하기 위해서는 효과를 최대치로 올리는 것도 방법이지만, 비용을 최소한으로 줄이는 것도 또 다른 방법이다. 즉 월급을 많이 받는 것뿐만이 아니라 지출되는 비용을 줄이는 것 역시 내 노동력을 극대화하는 방법이다.

최소비용 최대효과를 이처럼 두 가지로 나눈 뒤 다시 조립하면 많이 벌고 적게 쓰는 것이 가장 좋다는 결론이 나온다.

따라서 기업의 경우 가능하면 저렴하게 물건을 만들어 비싸게 팔아야 한다. 반대로 아무리 많이 팔아도 비용이 높으면 남는 게 없어 망한다. 잘나가던 대기업이 사업 타당성에 대한 치열한 고민 없이 무리한 투자에 나섰다가 비용 증가로 부도가 나는 이유도 여기에 있다. 대신 조금 팔더라도 원가가 적게 들어가면 남는 게 많다. 겉(매출)만 화려한 기업에 비해 이렇듯 내실 있는 기업을 우리는 알짜기업이라고 부른다.

그런데 개인의 경우에는 기업과 달리 비용, 즉 내가 얼마나 썼는

지에 무관심하기 쉽다. 나아가 많이 벌어 많이 쓰는 것이 좋은 삶이란 인식을 갖고 있는 사람도 쉽게 찾을 수 있다. 그러나 내일을 위해 남겨 놓아야 한다. 이것이 자본이다. 자본을 만들기 위해 많이 벌어도 남겨야 하고 적게 벌어도 남겨야 한다. '버는 것'만큼 중요한 것이 '남는 것'이다. 많이 번다고 펑펑 쓰는 사람보다는 적게 벌더라도 아끼는 사람이 미래를 보장받을 수 있다.

이런 면에서 자본주의 사회에서 개인은 기업과 닮은꼴이다. 먹고 살기 위해 쓰는 돈을 단순히 '가계지출'이 아닌 '비용'으로 생각해야 한다. 월급이나 소득 또한 내 노동력 판매에 따른 매출이 되어야 한다. 따라서 번 돈 중에 쓰고 남은 것은 순익이 된다. 기업이라면 순익이 높을수록 우량 기업이 되듯, 소비하고 남아서 저축하는 돈이 많아야 우량 개인이 되는 것이다.

원하건 원하지 않건 우리는 자본주의의 냉혹한 원칙이 적용되는 사회에서 살고 있다. 지금 연봉이 1억 원이지만 내일 당장 해고될 수도 있고, 반대로 능력만 되면 더 좋은 일자리로 쉽게 옮길 수 있는 사회이다.

이런 상황에서 개인 혹은 가정도 스스로를 하나의 기업으로 간주하여 많이 버는 노력과 함께 많이 남기려는 자세가 요구된다. 많이 남기기 위해서는 버는 만큼 푼돈을 아끼는 노력이 필요하다.

이런 식의 생활이 다소 팍팍하게 느껴질지도 모른다. 그러나 이것은 '쓰는 맛'에 길들여진 삶이 '버는 맛' 안에서 기쁨을 누리고 화려함을 동경하는 삶이 아닌 소박함의 행복을 느끼도록 해준다. 나아가 현대 경제사회에서 부자가 되는 길도 열어준다. 부자들은 '돈이란 쓰는 맛보다는 버는 맛, 모으는 맛이 훨씬 달콤하다'고 이구동성으로 이야기하며 화려함보다는 소박함을 즐긴다.

전라북도에서 이름만 대면 모르는 사람이 없을 정도인 P는 재산이 수천억 원에 달하는 것으로 알려졌지만 여든이 넘을 때까지 하루 두 끼만 먹었다고 한다. 오전 열 시쯤 점심을 겸한 아침식사를 했고, 오후 다섯 시에 저녁을 먹었다고 한다. 남들이 세 끼 먹을 때 두 끼 먹음으로써 한 끼 식사비와 밥 먹는 시간을 아낀 것이다. 이외에도 그는 기름값을 절약하기 위해 추운 방에서 지내는 등 재산의 규모에 맞지 않게 알뜰한 생활을 하고 있다고 한다. 그와 가까운 사람들은 P가 이렇게 아끼는 이유를 소박한 삶이 주는 단순한 행복을 즐기기 때문이라고 전한다.

적게 먹고 많이 운동하는 것 이외의 특별한 다이어트 비법은 없다. 이것은 절대적인 원칙인 동시에 자연의 이치이다. 부자가 되는 방법 역시 많이 벌고 적게 쓰는 것 이외에는 없다.

적금을 타보지 못한 사람과
인생을 논하지 마라

    푼돈이 쌓여 큰돈이 만들어지는 즐거움을 맛볼 수 있는 가장 일반적인 방법은 적금이다. 적금이라는 것 자체가 바로 그 용도를 위해 탄생한 금융상품이기도 하다.

    사실 적금 이외에도 목돈을 모으는 데 다양한 방법이 동원될 수 있다. 펀드에 넣어 둘 수도 있고, 우량주를 매달 몇 주씩 사서 모아둘 수도 있다. 의외로 많은 사람들이 매월 한 푼 두 푼 절약한 용돈으로 우량주를 매수하여 푼돈도 모으고 높은 수익률도 올리는 일석이조의 효과를 누리고 있다.

    그러나 푼돈 재테크에서 가장 좋은 방법은 역시 적금이다. 투자 수익이 아닌 원금을 모으기 위한 것이 푼돈을 절약하는 이유이기 때문이다. 이런 면에서 적금만 한 것이 없다. 주식형 펀드나 우량주식 역시 원금을 까먹을 우려가 있다. 그러나 적금은 그럴 염려가 전혀 없다. 내 원금이 허무하게 사라지지 않는 것이다.

저축으로 만 3년간 1억 원을 모았다는 한 방송작가는 자신의 책에 남자보다 적금이 좋은 이유를 '적금은 절대 배신하지 않기 때문'이라고 썼다. 설사 금리가 낮아도 적금은 절대 원금을 까먹지 않는다. 일확천금을 노릴 수 있는 기회는 없지만 말이다.

사실 지금도 알부자들의 주요 재테크 수단 가운데 하나는 저축이다. 이들은 작은 돈을 모아 목돈이 만들어지는 적금의 위력을 이미 여러 차례 경험했기에 그 중요성을 잘 알고 있다. 그래서 적금을 타 보지 못한 사람과 인생을 논하지 말라는 말도 있다. 우직스럽게 돈을 모아본 경험이 있어야 큰돈을 만질 힘과 지킬 수 있는 능력이 생기기 때문이다.

그런데 최근에는 적금을 멀리하는 사람들이 많다. 금리가 낮을 때 은행에 돈을 넣어 두면 오히려 손해란 생각이 퍼지면서부터다. 하지만 금리 생활자라면 일리가 있는 주장이지만 푼돈 재테크를 실천하는 사람에게는 상관없는 이야기다.

예를 들어 현금 5억 원의 은행이자로 생활하는 사람이 있다고 하자. 금리가 10퍼센트면 이 사람은 연 5000만 원의 소득이 발생한다. 그런데 금리가 5퍼센트로 떨어지면 소득 역시 2500만 원으로 줄어든다(단순화를 위해 세금이나 제 비용은 계산에서 제외했다). 즉 금리가 10퍼센트면 은행이자로 넉넉한 생활이 가능하지만 5퍼센트면 삶이 팍팍해진다. 나아가 지금저럼 금리가 2퍼센트대인 상황에서는 5억 원을 예금해봐야 연 1250만 원, 즉 월 100만 원 정도의 이자밖에 나오지 않는다. 따라서 원룸, 오피스텔, 상가 등 수익형 부동산에 투자하는 걸 고려해볼 필요도 있다. 은행에서 돈을 회수해 자금을 굴릴 수 있는 다른 방식을 찾아야 한다.

그러나 푼돈을 모으는 사람은 입장이 다르다. 이들에게는 이자보다는 원금이 얼마 늘었느냐가 중요하기 때문이다. 이번 달에 20만 원을 저축했다면 20만 원 늘어난 것이 더 중요하다. 더불어 이 같은 방식으로 1년에 240만 원을 모았다는 사실이 이자가 얼마 붙었는지보다 더 핵심이 된다. 물론 적금을 부을 때 이율이나 세금 등을 꼼꼼

히 따져야겠지만, 어찌 보면 푼돈을 모으는 사람에게는 20만 원 그 자체가 인생의 값진 이자나 마찬가지다.

따라서 은행 금리가 제로에 가까워도 푼돈을 아껴 모으는 사람은 적금을 애용해야 한다. 이자는 적어도 적금은 내 돈을 고이 간직해주는 수고로움을 마다하지 않기 때문이다. 아울러 늘어나는 적금 액수는 그 무엇과도 비교할 수 없는 기쁨이다.

적금을 멀리하게 만든 또 다른 이유는 이자가 적을 땐 그냥 써버리는 게 남는 것이라는 유혹이 많아졌기 때문이다. 일부 경제 전문가들은 권장하기까지 하는데 그 내막을 들여다보면 다음과 같다.

예를 들어 지난해 한 회사가 만든 핸드백이 10만 원이었다고 하자. 딩시 A, B 두 사람이 각각 10만 원이 있었는데, A는 그 돈으로 핸드백을 샀다. 반면 B는 은행에 넣어 두었고 이자가 붙어 10만 2000원이 됐다.

그런데 문제가 생겼다. 올해 물가가 많이 올라 핸드백이 11만 원이 됐다. 따라서 B는 그 돈으로 핸드백을 사고 싶어도 살 수가 없다. 8000원이 모자라기 때문이다.

그렇다면 A와 B 가운데 누가 10만 원을 효율적으로 사용했을까. 경제학 교과서에 따른다면 당연히 1년 전에 핸드백을 산 A가 더 이득을 본 것으로 평가된다. B는 1년 전 같은 돈을 갖고 있었지만 현재 핸드백을 살 수 없기 때문이다. 그래서 경제학 교과서는 물가가 오를 때는 예금이 불리하다고 가르친다.

실제 이런 이돈을 바탕으로 우리 징부는 IMF 금융위기 이후 금리를 내렸고, 은행에 저축하기보단 A처럼 쓰거나 아니면 다른 곳에 투자하도록 권했다. B처럼 은행에 넣어 두면 나중에는 돈의 가치가 떨어져 지금 살 수 있는 물건도 살 수가 없게 된다고 이야기했다.

그러나 이러한 논지에는 하나 간과하고 있는 사실이 있다. A는 그 돈을 썼고 B는 아직 사용하지 않았다는 점이다. 비록 돈의 가치가 떨어졌지만 B는 아직도 현금을 가지고 있다. 반면 A는 핸드백을 구매한 이상 돈이 남아 있지 않다.

과거의 남미처럼 10만 원 하던 것이 1년 만에 20만 원이나 30만 원으로 뛰는 경우라면 모르지만 지금의 우리 경제 현실에서 물가상승이 두려워 저금을 포기한다는 것은 이치에 맞지 않는다. 특히 푼돈 재테크의 경우는 이자가 아닌 원금의 축적이 목적이다. 즉 이자로 붙은 2000원이 아닌, 핸드백을 사고자 하는 욕구를 자제하고 10만 원을 아꼈다는 점이 중요하다. 그 돈을 이미 날린 A와 비교했을 때 B에게는 10만 2000원 전부가 이자인 것이다.

상품은 소모품이 아니다

경제학에서 너무나 당연하게 정의하는 것이 감각상각이다. 어떤 것을 사용할수록 그 가치가 줄어든다는 것이다. 쉽게 말해 새것은 비싸지만 시간이 흐르면서 중고가 될수록 가격이 떨어진다. 일면 타당하다. 사용기간이 오래되면서 부품이 낡아지고 색깔도 바래지기 때문이다. 구형이 신형보다는 성능과 유행에서도 뒤지기도 한다. 그래서 유행과 '신상'에 대한 종교적 추앙심까지 생겨난 게 물질사회가 만든 하나의 풍토다.

여기서 한 가지 짚어봐야 할 것은 우리는 그것을 그저 소모되는 무엇으로 가정한다는 점이다. 그러나 반드시 그런 것만은 아니다. 생명체와 마찬가지로 나와 삶을 함께한 동반자일 수도 있다. 내 아내와 아이들 그리고 애완견이 나이 들었다고 낡아지는 것은 아니다. 이치럼 생명 있는 것들이 오래될수록 '진국'이 되듯이 물건이나 물질 또한 같다고 할 수 있다.

예컨대 지금 타고 있는 차가 다른 사람들의 눈에는 '똥차'로 보여도 나와 가족에게는 무엇과도 바꿀 수 없는 소중한 친구일 수 있다. 그래서 10년 넘게 타던 차를 팔았을 때, 유치원생이던 둘째는 한동안 서럽게 울면서 떠난 그 차를 그리워했다. 갓 태어난 둘째를 병원에서 싣고 온 녀석도, 놀이공원에도 함께 간 듬직한 친구도 바로 그차였기 때문이다.

낡고 오래된 제품은 색이 바래고 성능 또한 예전 같지 않지만 그안에 시간 에너지가 쌓여 있다. 그것은 나와 함께한 오랜 시간 동안쌓인 스토리이고 정이다. 오래된 물건 안에는 꼬깃꼬깃 담긴 옛이야기가 숨어 있다. 눈에는 보이지 않지만 그것이 바로 시간 에너지인것이다.

군대를 제대한 뒤 처음으로 양복을 샀다. 80퍼센트 떨이를 하는곳에서 니노 세루티(NiNo Ceruti)란 브랜드의 겨울 양복을 15만 원주고 구입했다. 나중에 안 사실이지만 현재 판매되고 있지 않은 만만치 않은 명품 브랜드인데 국내 상륙에 실패하고 물러나면서 떨이로처분하는 제품이었다. 검은색이라 넥타이 색깔만 바꾸면 직장에서는물론 결혼식장이나 장례식장도 입고 갈 수 있었다. 그리고 지금도 그옷을 겨울이면 입는다.

20만 원짜리 땡처리 제품을 20년간 입었으니 사실상 감가상각이된 무가치한 제품, 즉 폐품이나 마찬가지라 할 수 있다. 넝마나 마찬가지다. 그걸 걸치는 내가 사람들의 눈에 짠돌이처럼 보일 수 있다. 그걸 아등바등 입는 나에게 가족들은 "짠돌이 양반, 새 걸로 하나 사세요"라며 쏘아붙이기도 한다.

그러나 나는 여전히 옷이 내 몸에 맞는다는 사실이 뿌듯하다. 이는 곧 내가 그만큼 몸 관리를 해왔다는 뜻이기도 하다. 그 옷 안에 담긴 수많은 추억과 과거의 젊음이 따뜻하게 나를 감싸기도 한다. 학창시절 입었던 옷을 걸치고 나가는 나에게 비웃는 친구가 있다면 한마디 해주면 된다. "너는 대학 때 입은 옷 뚱뚱해져서 안 맞겠다."

젊은 시절 샀던 옷이 여전히 어울린다면 몸매도 유지되고 있으며, 스타일 역시 나이와 상관없이 유지되고 있다는 증거다. 거기다 옷값도 절약했다. 20년을 입었으니 적어도 한두 벌은 남들보다 덜 샀을 것이고, 그만큼 아낀 것이다.

물질이라는 것을 마치 인간의 노예처럼 부리고 쓰고 이용하다 언제든 헌신짝처럼 버릴 수 있다는 생각에서 벗어날 필요가 있다. 그렇다면 낡은 옷도 냉장고도 무척 소중하게 생각된다. 푼돈을 소중히 한다는 것, 그것은 곧 내가 소유한 물건을 소중히 하는 것이기도 하다. 나의 추억도 간직하게 해주고, 더불어 돈도 절약된다.

번 돈과 남은 돈

수입과 푼돈의 관계에 대해서 이야기해보자. 결론부터 말하자면 아무리 많이 벌어도 푼돈을 아끼지 않는다면 말짱 '꽝'이란 점이다. 국내 굴지의 대기업 부장인 K. 40대 초반에 미혼인 그는 연봉이 1억 원이 넘는다. 누구나 가고 싶어 하는 직장에 다니고, 거기다 월급까지 많은 K를 보면서 주변 사람들은 부러워한다. 그리고 그가 미혼에 연봉이 많은 만큼 돈을 많이 모았을 것이라고 생각한다.

정말 그럴까? 상황은 정반대다. 매월 말이면 카드대금, 자동차 할부금 등을 내고 남는 돈이 거의 없다. 은행 적금이라고 해봐야 개인연금이 전부다. 어떤 경우엔 100만 원도 넘는 카드대금이 연체되기도 한다. 카드대금 고지서를 받을 때마다 자기 자신이 미워질 때가 한두 번이 아니다. 그러나 그것도 잠시뿐, 그는 다시 카드와 현금으로 친구들과 어울려 술을 마시고 사고 싶은 것들을 산다. 통장 잔고가 줄어들어도 다음 달이면 꼬박꼬박 또다시 남들보다 많은 월급이 들어오기 때문이다.

이처럼 소득이 많음에도 늘 돈에 허덕이는 사람들이 의외로 많다. 연봉이 1억 원이 넘지만 연봉 4000만 원인 사람과 비교해볼 때 팍팍한 삶의 풍경이 그리 다르지 않다.

물론 연봉이 많은 덕분에 5000원짜리 점심 대신 8000원짜리를 먹고 버스 대신 자가용을 몰고 다닌다. 가끔 친구들이나 후배들에게 한턱 쏘기도 한다. 물론 이것도 큰 차이일 수 있다. 사실 연봉 1억 원은 모든 직장인들의 꿈이자 선망의 대상이다.

그러나 K 부장은 '입맛만 버린다'고 이야기한다. 그렇게 많이 쓰는 것도 아니면서 늘 모자라고, 쓰면 쓸수록 더 쓰고 싶고, 하고 싶은 것만 늘기 때문이라고 한다. 이처럼 푸념하는 K의 명세서에서 늘어난 것 중에는 카드빚도 있다.

과거에도 가끔 카드대금이 연체된 적이 있는데 그래봐야 10, 20만 원 수준이었다. 그런데 월급이 크게 오른 뒤 씀씀이가 헤퍼지면서 100만 원 넘게 연체되는 경우도 비일비재해졌다. 즉 받을 월급에서 카드대금과 이것저것 내고 나면 남는 것이 없어서 결국 연체되는 상황이다.

억대 연봉자뿐만 아니라 소득이 많은 화이트칼라 맞벌이 부부도 마찬가지다. 맞벌이 부부의 경우 전반적으로 지출액이 커서 돈이 모이지 않을 뿐만 아니라 오히려 잘못된 소비습관 때문에 가세 파산 위험에 몰리는 상황이 많다고 한다. 두 사람이 밖에 나가서 버는 만큼 집안에서도 써야 할 일도 많아지고 각자 밖에서 쓰는 돈도 늘어난다. 특히 둘이 벌기 때문에 내가 가계를 책임져야 한다는 의식이 희박해진다. 즉 내가 헤프게 써도 남편이 혹은 아내가 버니까라는 생각에 긴장감이 떨어지는 것이 사실이다.

이처럼 푼돈에 대한 애정이 없다면 가계 수입의 증가에 비례해 빚도 늘어날 수 있다. 열심히 일해서 많이 버는 것도 중요하지만 아끼는 것이 더 중요한 이유는 많이 벌기 때문에 오히려 빚이 더 늘어날 수도 있기 때문이다.

사업을 하는 사람들도 K부장처럼 벌긴 많이 벌었는데 남은 게 없다고 푸념하는 경우가 상당히 많다. 그 중에는 일부러 앓는 소리를 하는 사람도 있지만 실제 버는 만큼 지출이 늘어나 남는 게 없는 사람도 부지기수다.

반대로 적게 벌어도 아껴 쓴다면 많이 남길 수 있다. 월급은 180만 원이지만 그 중 140만 원을 저축하고 40만 원으로 생활한다면, 1년간 1680만 원이 모인다. 1680만 원은 연봉 1억 원인 K부장의 두 달 실수령액에 버금가는 액수다. 저축액으로 따지면 남는 돈이 거의 없는 K보다 훨씬 많다.

여기서 우리가 기억해야 할 것은 인생의 최후 승부는 '번 것'이 아닌 '남은 것'에서 판가름 난다는 점이다. 즉 남은 게 없으면 인생의 승부에서 퇴보할 수밖에 없다. 반대로 적게 벌어도 남은 것이 많다면 미래는 밝다.

토끼와 거북이의 이야기를 예로 들어보자. 따지고 보면 토끼와 거북이 이야기는 이해되지 않는 구석이 많다. 토끼가 아무리 생각이 없어도 경주 중간에 잠을 자겠는가. 그리고 왜 하필 경주 도중에 갑자기 잠이 쏟아졌을까. 혹여 며칠 밤을 꼬박 새워 피곤한 상태라면 토끼는 시합 연기를 요청하면 된다. 또 자고 싶으면 정상에 오른 뒤 거기서 잠을 자도 된다. 그런데 얼토당토않은 이야기지만 지금으로부터 무려 3,000년 전 이솝이란 사람이 만들어낸 이래 전 세계 사람들에게 입에서 입으로 교훈이 담긴 이야기로 전해진다. 왜일까?

그 이유는 말도 안 되는 듯 보이는 이런 일이 현실에서 매일 벌어지기 때문이다. 잘났다고, 남보다 유리하다고 자만하다 큰 코 다치는 일이 많은 것이다. 예를 들어 월 800만 원을 받는 사람과 월 150만 원을 받는 사람이 600만 원 저축하기 경주를 한다고 해보자. 마치 토끼와 거북이의 게임처럼 안 봐도 승부는 뻔해 보인다. 그러나 실제로는 150만 원 버는 사람이 이기는 일이 태반이다.

직장인의 경우 연봉 1억 원을 받거나 회사 임원이 되는 것을 목표로 삼는 사람들이 많다. 그러나 푼돈 절약에 대한 의지가 없다면 연봉이 아무리 증가해도 그 많은 돈은 바람에 흩어지는 모닥불의 연기에 불과하다.

더욱이 인생은 내가 생각한 대로만 흘러가지 않는다. 언제 어떻게 변할지 모르는 게 인생이다. 비교적 최근의 일을 들자면, 1997년 IMF 금융위기와 2008년 리만 브라더스 사태 이후 우리 삶의 많은 것이 변했나. 오늘 1억 원을 받는 사람이 내일 낭상 정리해고의 내상이 될 수도 있다는 것을 온 국민이 깨닫게 되었다.

번 만큼 아껴서 모으지 않으면 마치 모든 총알을 다 써버린 군인처럼 뒤에서 갑작스럽게 덮치는 적에게 대항할 수 없다. 반대로 월급 150만 원의 팍팍한 삶일지라도 그 돈을 아끼고 모으면 반드시 '좋은 날'이 온다. 인생은 늘 멈춰 있지 않고 물처럼 끊임없이 흐르기 때문이다.

연봉 10퍼센트 인상은
일상생활에서 거뜬히

1905년에 설립된 〈포천〉 500대 기업 제록스가 1960년대에 작은 책상 크기의 대형 복사기를 처음 생산하기 전에, 코닥이나 3M 등은 책상 위에 올려놓을 수 있는 작은 복사기를 300~400달러에 판매하고 있었다. 그런데 문제는 장당 1000원이 넘는 특수 코팅된 용지를 사용해야 했을 뿐만 아니라 그 질도 떨어졌다는 것이다. 반면 새롭게 등장한 제록스 제품은 덩치가 컸지만 보통 용지에 직접 복사할 수 있을 뿐만 아니라 질도 우수했다.

문제는 가격이었다. 300킬로그램이 넘는 복사기는 출시 당시 2만 9500달러(한화 3000만 원)이어서 어지간한 사무실에서는 그림의 떡이었다. 그 결과 탁월한 성능에도 불구하고 판매가 부진했다.

문제 해결에 골몰하던 제록스는 임대 방식을 생각해냈다. 비싼 복사기를 판매하는 대신 빌려주고 월 10만 원씩 요금을 받는 것이었다. 2,000장까지는 기본요금만 받았고 이후부터는 추가로 복사하는데 장당 4센트(한화 40원)를 책정했다. 3000만 원이나 되는 비싼 기계를 푼돈으로 사용할 수 있게 되자 기업들이 앞 다퉈 임대하기 시작했고, 제록스는 점유율을 60퍼센트 이상으로 끌어올렸다. 또한 기업들은 복사에 따른 비용이 얼마 되지 않는다고 생각해서 마구 복사를 했고, 그럴수록 제록스는 앉아서 돈을 벌었다. 푼돈을 모아 세계적 기업이 된 것이다.

많은 직장인이 연봉 인상을 위해 극단적인 파업까지 한다. 반대로 기업은 연봉 인상을 막다가 한솥밥 먹는 직원과 원수가 되기도 한다. 사실 연봉 인상은 직장인에게 무엇과도 바꿀 수 없는 즐거움이다. 한 해에 2000만 원을 받는 직장인이 해가 바뀌면서 연봉이 10퍼센트 오른다면 당사자뿐 아니라 가족들도 매우 기뻐할 것이다.

그렇다면 연봉 10퍼센트 인상은 과연 우리에게 얼마나 큰돈일까? 2000만 원의 10퍼센트는 200만 원이다. 200만 원을 365일로 나누면 5500원 정도가 나온다. 즉 연봉이 10퍼센트 인상됐다는 것은 하루 5500원의 임금이 올랐다는 말이다. 왠지 김빠지지 않는가? 200만 원이란 큰돈이 하루에 겨우 5500원이라니, 크게 기뻐할 일도 아니란 생각도 든다. 같은 돈이지만 연봉 10퍼센트 혹은 200만 원 인상과 달리 하루 5500원 인상은 큰 감흥도, 뿌듯한 기쁨도 없다. 아침에 세 개, 저녁에 네 개 주던 것을 아침에 네 개 주고 저녁에 세 개로 원숭이를 달랬다는 조삼모사 격이나 다름없다.

실제로 많은 사람이 연봉이 오르면 처음엔 기분 좋다가 어느 순간 '월급은 늘었는데 사는 건 왜 이리 늘 똑같지?'로 바뀐다. 월급이 많이 늘어난 게 아니기 때문이다. 하루 몇 천 원을 소소한 일에 쓰고, 한 달에 몇 십만 원은 가족 외식 두세 번으로 마파람에 게눈 감추듯 사라진다. 따라서 처음엔 커 보였던 임금 인상도 생활에 별반 차이가 없다. 일단 쓰기 시작하면 연봉 1억 원도 부족할 지경인데 월급 16만 원 늘어난 것이 삶의 주름을 너끈하게 펴주거나 소비 욕구를 화끈하게 만족시킬 수는 없다.

따라서 연봉 10퍼센트 인상을 위해 머리띠를 둘러매는 것도 중요하고 얻어낼 수 있을 만큼 얻어내는 것도 필요하지만, 이보다 더 중요한 것은 하루 5500원을 아끼고자 하는 마음의 의지다. 하루 5500원을 아끼면 결국 연봉 10퍼센트가 인상되는 셈이다.

임금 10퍼센트 인상과 더불어 기존 지출의 10퍼센트를 동시에 절약한다면 금상첨화가 따로 없지만 매해 연봉 인상이 어디 쉬운 일인가. 그러나 월급이 오르지 않았다고 슬퍼할 필요는 전혀 없다. 조금만 아껴도 엄청난 연봉 상승과 동일한 결과를 얻을 수 있기 때문이다. 앞서 봤듯이 금연으로 하루 4500원만 절약해도 웬만한 월급쟁이의 4~5퍼센트 임금 인상 효과를 누릴 수 있다. 월급이 오르지 않아도 돈을 모을 수 있는 방법이 전혀 없는 것은 아닌 것이다.

따지고 보면 월급이 오르기 전의 삶도 팍팍하고 오른 뒤의 생활도 넉넉하지 않다. 어차피 팍팍한 게 지금의 인생이면 월급이 오르지 않았다고 절망하기보다 있는 걸 아끼는 게 마음의 행복을 찾는 길이다.

더불어 오른 월급을 푼돈으로 허비하지 않고 모으는 것이 미래를 대비하는 현명한 선택이다.

작은 것은 언젠가 커지고, 큰 것은 작아지기 마련이다. 그러므로 큰 것을 원하는 사람은 작은 것을 아껴야 한다. 또한 큰 것을 소유한 사람은 언젠가 작아질 수 있음을 경계해야 한다.

엥겔지수로 본 지출과 절약

엥겔지수는 가계지출에서 식료품비가 차지하는 비중을 나타낸다. 그런데 식료품은 필수품이기 때문에 소득의 높고 낮음에 관계없이 누구나 어느 정도는 소비해야 한다. 동시에 어느 수준 이상은 소비할 필요가 없다. 저소득 가계라도 최소한 일정 금액의 식료품비를 지출해야 하는 반면, 소득이 늘어도 가계지출에서 식료품비가 크게 증가하지는 않는다. 이러한 까닭에 식료품비가 가계의 총지출에서 차지하는 비율, 즉 엥겔지수는 소득 수준이 높아지면 점차 감소하는 경향이 있다.

일반적으로 엥겔지수가 20퍼센트 이하면 상류, 25~30퍼센트는 중류, 30~50퍼센트는 하류, 50퍼센트 이상은 극빈 등으로 분류되고 있다. 국가적으로는 엥겔지수가 50퍼센트 이상이면 후진국, 30~50

퍼센트면 개발도상국, 30퍼센트 이하면 선진국이라고도 한다. 그렇다면 우리나라의 엥겔지수는 얼마나 될까?

한국은행에 따르면 2013년 우리나라의 엥겔지수는 14.04퍼센트를 기록하고 있다. 즉 평균적으로 100만 원을 벌면, 14만 400원을 먹고 마시는 데 쓰는 것이다. 이는 곧 먹고사는 일 이외에 쓰는 돈이 100만 원 가운데 86만 원이나 된다는 이야기다.

엥겔지수를 보면서 '먹고사는 문제는 해결되었구나'라는 생각을 하게 된다. 굶기를 밥 먹듯이 했던 30년 전엔 꿈꾸기 어려웠던 일이다. 소득이 300만 원 정도 된다고 했을 때, 그 가운데 40만 원가량을 식료품비로 지출하고, 나머지 260만 원이라는 큰돈을 상황에 따라 선택해 쓸 수 있다.

이처럼 경제 사정이 나아졌지만 여전히 돈에 대한 갈증이 심한 이유는 그만큼 자잘하게 소비해야 할 일도 늘었기 때문이다. 휴대전화도 필요하고, 버스나 택시도 타야 하고, 맥주도 마셔야 하고, 영화도 봐야 하고, 커피도 마셔야 하는 등 작은 일들에 마파람에 게눈 감추듯 돈이 사라져버린다. 여기에 아파트 관리비, 학원비, 대출 이자 등을 내고 나면 수중에 남는 게 없다. 옷 한 벌이라도 사거나 갑작스럽게 병원비 등으로 큰돈을 나가면 금전 사정이 팍팍해진다. 엥겔지수로 본 대한민국은 선진국 같은데 삶은 여전히 갈증 속에 있다. 로또에 당첨되는 등 큰돈이 생기기 전까지 상황이 결코 나아질 것처럼 보이지도 않는다.

소비의 즐거움과 주머니 사정, 이 둘의 갈등에서 헤매기보다 모으는 기쁨이란 새로운 영역을 개척하는 것이 필요하다. 엥겔지수가 14 퍼센트라면 극단적으로 말해 굶어죽지 않으면서도 우리가 최대한 절약할 수 있는 돈이 소득의 86퍼센트라는 이야기다. 물론 먹고 마시는 것을 뺀 모든 지출을 없애라고 이야기할 수는 없다. 그러나 곰곰이 따져보면 그 가운데 가장 효용성이 떨어지는 마지막 10퍼센트가 있을 것이다. 마치 배부른 상황에서 마시는 콜라 한 잔같이 의미가 크지 않은 지출이 있는 것이다. 이 같은 효용성이 떨어지는 지출을 한 달에 20만 원만 아껴도 1년이면 240만 원이 되고, 10년이면 2400만 원이다. 불필요하게 지출되는 20만 원만 줄여 10년 뒤 정말 필요한 목돈을 마련하는 것이다.

그렇다면 죽고 사는 문제와 관계없는 불필요한 지출에는 무엇이 있을까? 언뜻 떠오르는 것이 있을 텐데 그 중에는 곰곰이 생각해봐야 할 것도 있다.

항공사 승무원으로 월 400만 원가량을 받는 분이 월세와 관리비 90만 원의 오피스텔에서 40만 원이면 충분한 원룸으로 이사를 했다. 그러면서 매달 50만 원을 줄였고, 그걸 적금에 부어 2년간 1300만 원 가까운 돈을 모았다.

"원룸에 살면 왠지 남들 눈에 추레해 보일까봐 돈이 아까웠지만 비싸고 근사한 오피스텔에 살았던 것 같아요. 다른 사람들의 눈을 너무 의식했던 거죠. 원룸으로 옮긴 뒤 동료들에게 말하기 부끄러운 것도 사실이지만 점점 쌓이는 통장이 주는 기쁨으로 충분히 만회가 되는 것 같아요. 사실 해외에 나가 있는 시간도 많은데 쓸데없이 오피스텔

임대료에 돈을 많이 쓴 것 같아요."

불필요한 지출이란 이런 것이다. 타인의 시선 혹은 시대의 유행 같은 것에 얽매여 나가는 돈이 어쩌면 가장 불필요한 것일지 모른다. 생각만 바꾸면 그 의미가 바람처럼 사라지고, 대신 통장에 돈이 쌓이는 것일 수도 있다.

푼돈이 순이익을 증가시킨다

　1만 원짜리를 사면서 고작 1000원만 깎아달라는 손님과 정색을 하며 실랑이하다 손님을 놓치는 가게 주인을 본 적 있다. 1000원 깎아주는 게 나을 성싶기도 한데, 단호히 거절하는 것이다. 손님 입장에서는 가게 주인이 야박하게 느껴질 수도 있다.

　그런데 1000원을 바라보는 고객과 가게 주인의 생각이 다른 경우가 있다. 고객 입장에서는 고작 1000원이지만, 마진이 2000원인 상인의 입장에서는 본인의 수익 50퍼센트가 깎이는 일이기 때문이다. 판매금액으로는 10퍼센트지만, 마진의 50퍼센트를 포기하는 것이다. 그거라도 건지는 게 답일 수 있지만, 선뜻 받아들이고 싶지 않은 순간도 있을 것이다. 기업의 경우 매출액보다 순이익은 10퍼센트, 20퍼센트 정도도 당연히 적다. 매출 10조 원의 대기업도 결과적으로 순이익이 마이너스를 기록하면서 문을 닫기도 한다. 개인의 손익계산서도 마찬가지다.

개인의 소득은 기업 매출과 같으며, 지출은 비용이고, 저축은 순이익이라고 할 수 있다. 매출에 비해 기업의 순이익이 작듯이, 개인도 마찬가지다. 생각 없이 빠져나가는 푼돈이 소득에 비해 보잘 것 없지만, 내가 남기는 순이익(저축)과 비교해본다면 결코 적은 금액이 아닌 경우가 많다.

예컨대 월급이 200만 원인 사람이 그 가운데 적금으로 20만원을 붓고 있다고 해보자. 나머지 180만 원은 소비하는 것이다. 소득의 10퍼센트 이상을 저축하고 있으니, 대한민국 평균보다 높다고 할 수 있다. 1년이면 240만 원이다. 적금을 30만 원으로 늘린다면 180만 원 쓰던 사람이 소비를 170만 원으로 줄이는 것이라고 할 수 있다. 10만 원 덜 쓰는 것이 대단해 보이지는 않는다. 마음만 먹으면 쉽게 할 수 있고, 동시에 큰돈을 아끼는 것도 아니라는 생각이 든다.

그러나 이는 동시에 저축하는 금액을 20만 원에서 30만 원으로 늘리는 것이다. 가계경제의 순이익이 30만 원, 무려 50퍼센트 증가하는 것이고 고작 푼돈이지만 내 삶을 좌우할 '순이익'이 50퍼센트 증가하는 것이다. 기업의 순이익이 50퍼센트 증가한다면 주가가 폭등하고, 미래가 촉망되는 기업으로 각광을 받게 된다. 개인도 마찬가지다. 만일 저축하는 금액을 40만 원으로 늘리면 순익은 100퍼센트가 증가한다.

고수들의 바둑을 보면 결국 승부가 '반집'으로 나는 경우가 많다.

승부를 가르는 것은 내가 상대보다 반집 더 지었을 때 가능해지는 것이다. 만화《미생》의 한 표현처럼 전쟁터와 지옥을 오가는 인생의 싸움도 마찬가지라고 할 수 있다. 그 반집을 찾아내는 눈, 그리고 그 반집의 숨겨진 의미를 찾아내는 사람이 마침내 성공하는 것이다.

시험성적 80점과 79점은 고작 1점 차이일 뿐이다. 그러나 그 느낌은 크게 다르다. 80점은 우수한 성적처럼 보이고 79점은 많이 모자란 것 같은 생각이 든다. 같은 1점이지만 그것이 갖는 의미가 늘 같은 게 아닌 셈이다. 시간도 마찬가지다. '골든타임'이라는 것이 있다. 시간의 길이는 같지만 정말 중요하고 결정적인 순간은 무척 짧은 한순간일 때가 많다. 99도와 100도는 1도 차이밖에 나지 않지만, 그 1도가 물을 끓게 하는 것이다.

이렇듯 모든 것은 그것의 물리적 크기만으로 평가되지 않는 경우가 많다. 세상 모든 것이 마찬가지다. 작지만 큰 의미로 다가오는 것을 찾아낼 필요가 있고, 그것의 소중함을 직관적으로 이해할 때 남과 다른, 좀 더 앞선 통찰력을 보일 수 있다. 미세한 틈 뒤에 감춰진 큰 그림자를 직관할 때 남과 다른 세상 속으로 들어갈 수 있다.

메기의 교훈

삼성그룹의 이건희 회장이 어릴 적 살던 동네에는 논에다 미꾸라지를 기르는 풍습이 있었다고 한다. 그런데 거기에 미꾸라지를 잡아먹는 메기 한 마리도 같이 키웠다. 상식적으로 생각하면 메기가 미꾸라지를 다 잡아먹어서 결국 메기 이외에는 남는 것이 없을 것이다.

그러나 결과는 정반대다. 오히려 미꾸라지가 더 튼실해진 것이다. 미꾸라지들이 생존을 위해 더 열심히 먹고 더 민첩하게 움직였기 때문이다. 천적인 메기의 등장이 역으로 미꾸라지를 강하게 만든 것이다. 이런 논리를 바탕으로 이 회장은 스스로 메기의 역할을 하며 끊임없이 조직을 긴장시켰다. 삼성이 세계 초일류 기업의 반열에 오른 바탕에는 이 같은 이 회장의 메기론이 있었다.

푼돈도 마찬가지다. 편하게 살려는 미꾸라지를 메기가 끊임없이 긴장시키듯이 푼돈은 편하고자 하는 우리 의식에 끊임없이 개입한다. 그래서 택시 타고 싶은 욕구를 억제해 버스를 타게 하고, 편하게 쉬기보다는 푼돈이라도 벌도록 만든다. 그런 의식적 긴장이 육체와 정신을 건강하게 만드는 것이다.

푼돈을 아끼는 노력은 편안해지려는 내 의식을 다잡는 '마음 속 메기'이다. 편하게 자가용을 타고 갈까 하는 생각이 들 때 푼돈이라는 메기가 출현한다. 그러면 마음을 다잡고 걸어가거나 대중교통을 이용하게 된다. 이처럼 편해지고, 나태해지고, 게을러지는 마음을 제어하는 긴장의 끈이 바로 푼돈의 메기인 것이다.

당연히 이런 의식적 긴장은 삶에서 큰 차이를 만든다. 푼돈이라는 메기는 가난한 사람을 부자로 만들고, 부자는 그 부를 지킬 수 있도록 해준

다. 반면 이런 끈이 끊어지면 가난한 사람은 가난을 벗어나지 못하고 부자도 가난해지기 십상이다. 결국 푼돈을 쓰고자 하는 유혹을 이겨내면 튼튼한 미꾸라지가 되지만, 그 유혹을 벗어나지 못하면 메기의 밥이 되는 것이다.

3장

작은 돈이
큰 행복을
만든다

。
。
。

희망이 없으면 절약도 없다.
절약하는 마음 밭에 희망이 찾아온다.
절약과 희망은 연인 사이다.

– 윈스턴 처칠

。
。
。

건강을 지키는 가장 쉬운 방법

풍돈을 아끼고 모으는 습관은 경제적 이점 외에도 소중한 것들을 가져다준다. 가장 대표적인 것이 건강이다. 예를 들어 담배를 끊는 경우를 생각해보자. 앞서 언급했던 것처럼 담배는 풍돈 형태의 목돈을 슬쩍 가져가는 대표적인 존재다. 한 갑에 4500원이지만 하루 한 갑씩 한 달 동안 피우면 13만 5000원이 허공으로 사라진다. 1년이면 162만 원이 된다. 이렇듯 담배는 결코 적지 않은 돈을 소비하게 할 뿐만 아니라 우리의 건강도 해친다.

또한 '딱! 한 잔만 더'의 유혹을 물리치면 술값이나 늦은 귀가에 따른 교통비를 절약할 수 있다. 뿐만 아니라 술은 적당히 즐겨야 건강과 원만한 사회생활, 스트레스 해소에 도움이 된다. 반면 지나친 음수는 건상에노 해롭고 사회생활에노 지상을 조래한다. 식상에 자수

지각하는 등 업무에도 상당한 영향을 미친다. 두주불사형의 인간이 아직까지는 너그럽게 이해되는 분위기이기는 해도 그만큼 대가가 따르기 마련이다.

교통비를 절약하기 위해 가까운 거리를 걷는 '뚜벅이' 생활도 푼돈 절약과 함께 건강을 가져다준다. 급할 때를 제외하곤 지하철의 한두 구간이나 버스로 서너 정거장 되는 거리를 걸어간다면 교통비를 절약할 수 있을 뿐만 아니라 건강에도 큰 도움이 된다. 하루 30분 걷는 사람의 심장병 발병 확률이 그렇지 않은 사람보다 3분의 1로 줄어든다는 의학 보고서도 있다. 운동을 위해 헬스클럽 등에 따로 다닐 필요도 없다.

사람들이 걷기를 꺼리는 이유 중 하나가 시간이 많이 걸린다고 생각하기 때문이다. 그러나 지하철 한두 구간 거리는 걸어가거나 지하철을 타거나 큰 차이가 없는 경우도 많다. 실제 시청역 인근에 위치한 회사에서 종로 3가까지 걸어 다닌 적이 있다. 시간이 25분 남짓 걸린다. 그런데 그 길은 지하철로 가도 20분은 족히 소요된다. 지하철 타는 시간은 4분 정도지만 지하철역까지 가는 시간, 지하철을 기다리는 시간, 또 지하철에서 빠져나오는 시간까지 합칠 경우 20분 정도가 걸린다. 버스의 경우 차가 막힐 때는 걷는 것이 더 빠를 때도 있다.

최근에는 각 지방자치단체들이 시민들이 안전하고 상쾌하게 걸을 수 있도록 통행로를 넓히는 등 신경을 많이 쓰고 있다. 이런 배려를 적극 애용하는 것은 내가 낸 세금을 간접적으로 돌려받는 길이기도 하다.

과식하지 않거나 군것질을 줄이는 것도 알게 모르게 새어나가는 푼돈을 절약하는 동시에 건강을 생각하는 길이다. 특히 군것질은 말 그대로 세 끼 식사 이외에 심심풀이로 먹는 것이다. 그러나 군것질을 많이 할 경우 살이 찌고 몸이 무거워진다. 이렇게 해서 생긴 비만이 현대 문명사회가 만든 각종 성인병의 원인이란 사실은 널리 알려져 있다.

돈으로 이것저것 사 먹고 살찐 후에 그걸 뺀다고 또다시 돈을 지불하는 경우가 많다. 돈 들여 살을 붙였다, 돈 들여 다시 살을 빼는 이 아이러니한 상황이 코미디 같지만 우리 주변에서 흔히 벌어지는 웃지 못할 현실이다. 나아가 군것질 거리로 많이 애용되는 과자류에는 인체에 유해한 식품 첨가물이 들어가 있다는 논란도 심심찮게 보도된다. 이 같은 푼돈 킬러를 인체에 유해하다고 비난하기보다 그걸 절제함으로써 돈도 건강도 챙기는 것이 현명한 삶이 아닐까.

부지런해야 모으고,
모아야 부지런해진다

　푼돈은 건강뿐 아니라 부지런함도 가져다준다. 사실 건강과 근면은 일맥상통하는 면이 있다. 일반적으로 부지런한 사람이 건강하고, 건강한 사람이 부지런하기 때문이다. 인간은 끊임없이 움직이며 노동을 해야 하는 동물이다. 따라서 태생적으로 부지런히 움직여야 건강해진다.

　이런 맥락에서 가까운 거리를 걷는다면 건강해질 뿐만 아니라 부지런해진다. 걸어서 출근하기 위해서는 남들보다 빨리 일어나야 하고, 약속시간에 맞춰 가기 위해서 부지런히 앞선 일들을 마무리하고 출발해야 한다. 약속시간까지 시간이 남는다고 책상 앞에서 인터넷으로 소일하는 일도 없어야 한다.

　푼돈을 아끼기 위해 발품을 파는 노력도 결국은 사람을 부지런하게 만든다. 좀 더 싸게 좋은 물건을 사기 위해 이곳저곳 돌아다니면서 부지런함이 몸에 배기 때문이다. 상점 여러 군데를 돌아봐야 더 나은 물건을 찾을 수 있고 가게 주인들과 가격 흥정을 할 수 있다. 실제로 정보가 많은 고객이라고 생각되면 가게 주인들은 좀 더 저렴한 가격을 제시하기도 한다. 이런 발품의 맛을 아는 사람은 단 한 군데를 방문해 물건을 사려고 하면 뭔가 허전하고 불안함을 느낀다. 은행 수수료를 아끼기 위해 내가 거래하고 있는 은행까지 찾아가는 수고도 부지런함이 있어야 가능하다.

최근에는 발품만이 아닌 '손품'을 팔아야 하는 경우도 늘고 있다. 온라인 쇼핑몰을 통해 물건을 구입하는 일이 늘었기 때문이다. 그나마 다행인 것은 인터넷에는 가격을 비교해주는 기능이 있어 발품보다 손쉬울 때가 많다.

또 푼돈 재테크를 위해서는 '머리품'도 자주 팔아야 한다. 머리를 '자주, 잘' 굴려야 하는 경우가 있기 때문이다. 한 푼이라도 더 받으려는 주인과 가벼운 실랑이도 벌여야 하고, 다섯 개를 3900원에 파는 가게와 네 개를 3100원에 파는 가게 중 어느 곳이 더 저렴한지 빠른 속도로 계산해내야 한다. 실제 대형마트들은 포장 단위를 살짝 바꿔 놓음으로써 물건을 더 저렴하게 보이도록 하는 고도의 마케팅 활동으로 소비자를 유혹하곤 한다. 이렇게 머리를 부지런히 움직이면 치매 예방에도 좋고, 기가 막힌 사업 아이템도 문득 떠오르는 부수입도 생긴다.

이처럼 품을 팔아 푼돈을 아끼는 태도는 사업에도 큰 도움이 된다.

이를테면 발품을 팔아 돈을 아껴본 경험은 사업할 때 좋은 원재료를 싸게 구매하는 동력이 된다. 좋은 제품을 저렴한 가격에 판매할 확률이 높아지고 그만큼 성공 확률도 오른다.

어느 거래선과 계약을 할 때 내가 한 푼이라도 더 많은 수익을 올릴 수 있는지 빠르게 계산하는 데 도움도 된다. 앞서 언급했던 것처럼 매출이 아닌 내가 손에 쥘 순이익을 중심에 놓고 계산하면 100원의 푼돈도 결코 적은 게 아니다.

실제 내가 만난 부자의 99퍼센트는 누구보다 부지런한 사람들이었다. 그들을 보면 행복은 성적순이 아니겠지만 부자는 부지런함 순일 수 있다는 생각이 들기도 한다. 부자들은 벌기 위해서 부지런히 움직이기도 하지만, 아끼기 위해서도 무척 근면하다. 발품뿐만 아니라 손품, 머리품을 파는 것에 귀찮아하지 않는다. 아끼는 것이 곧 버는 것임을 누구보다 잘 알고 있기 때문이다.

실제 한 조사에 따르면 성공한 최고경영자의 75퍼센트가량이 아침 일곱 시 전에 출근을 한다고 한다. 한때 책으로 소개되어 주목을 끈 '아침형 인간' 역시 성공하는 사람의 대표적인 유형이다.

이와 관련하여 개미와 베짱이 이야기가 떠오른다. 특히 누구도 개미인 동시에 베짱이일 수 없다는 점은 우리에게 시사하는 바가 크다. 일반적으로 사람들은 개미처럼 부지런하게 일해야 부자가 될 수 있다고 알고 있다. 그럼에도 베짱이처럼 생활하면서 개미처럼 많이 버는 길이 있다고 믿는다. 편안한 삶도 포기하지 않으면서 부자가 되기를 꿈꾸는 환상을 쉽게 물리치지 못한다. 이런 꿈을 좇다 결국 로또의 세계로 빠져들기도 하고, 자칫 사기나 도박의 유혹에 넘어가기도 하며, 카드빚의 수렁에 빠지기도 한다.

그러나 편안하게 살면서 돈을 모으는 길은 없다. 부지런하게 움직이면 푼돈이 모이고, 편하게 살면 푼돈이 나가기 때문이다. 즉 다섯 정거장을 걸어가면 버스비가 절약되지만, 그 길을 편하게 택시로 이동하면 택시요금이 나가는 것이다.

결국 부지런한 개미처럼 비록 작은 돈이지만 '모으는 맛'의 기쁨을 추구하는 것만이 부자가 되는 길이다. 푼돈을 아끼는 마음은 이처럼 부자가 되는 부지런함을 가져다준다.

인내심을 길러주는 푼돈 훈련

　푼돈은 인내심을 길러주고, 그 인내심은 사회생활이나 일상에서 조급하게 서두르다 일이 잘못되는 경우를 최소한으로 줄이는 내적 에너지가 된다.

　푼돈이 인내심을 키우는 이유는 시간이 개입되기 때문이다. 조금씩 쌓여가는 푼돈은 작은 옥수수 알맹이가 뻥튀기 과자가 되듯이 금방 큰돈으로 불어나지 않는다. 오늘 커피 한 잔 덜 마시고 담배 한 갑 덜 피웠다고 당장 살림에 큰 보탬이 되지도 않는다. 푼돈이 모여 유의미한 목돈이 되기 위해서는 1년 혹은 그 이상을 기다려야 한다. 따라서 푼돈이 목돈으로 질적 전환을 하기 위해서는 그 돈이 하루 이틀 쌓이며 만들어내는 지루함을 이겨야 한다. 그리고 서서히 온도가 오르던 물이 100도가 돼 끓기 시작하는 질적 전환을 하듯이 어느 순간 쌓인 푼돈과 그걸 쌓아가면서 생긴 내적 에너지가 큰 기쁨으로 다가온다.

푼돈을 모으려면 쓰고 싶은 유혹도 극복해야 한다. 현대를 살아가는 우리들은 언제나 급하다. 조급함 때문에 돈이 조금 쌓이면 그것을 소비하거나 투자하고 싶은 욕구가 생긴다. 그런 욕구를 이겨내면서 기다리고 기다리는 동안 인내심은 길러진다. 그리고 그 인내심은 마치 개울물이 모여 큰 저수지를 만들듯이 하찮은 푼돈을 모아 목돈을 만든다.

그렇게 생긴 인내심은 처세에도 많은 도움이 된다. 우리 속담에 '참을 인(忍)자 셋이면 살인도 면한다'는 말이 있다. 즉 인내심이 화로 인해 일을 망칠 수 있는 경우를 줄여준다. 살다 보면 순간적으로 절대 용서할 수 없을 만큼 화가 나는 일이 많다. 새파랗게 젊은 거래처 직원이 반말하며 납품한 물건에 대해 시비를 걸 때 정말 한 방 먹이고 싶은 심정이 굴뚝처럼 솟아난다. 직장상사나 선배가 말도 안 되는 일을 강요할 때도 당장 회사를 때려치우고 싶을 정도로 화가 불길처럼 일어나기도 한다. 그리고 그 순간 화를 참지 못해 일을 망치는 경우도 많다.

조금만 참으면 될 일을 참지 못해 일을 키우는 경우는 개인생활에서도 허다하다. 부부싸움은 대개 사소한 말 한마디 실수를 참지 못해 서로 화를 돋우며 시작했다가 마지막에는 사느니 마느니의 국면까지 치닫는다.

이렇듯 순간을 참지 못한 조급함의 결과는 후회뿐이다. 따라서 인내심이 필요하다. 그 순간을 참아낸 뒤 침착하게 마음을 가라앉혀 대응하면 꼬였던 실타래가 의외로 쉽게 풀리기도 한다. 시원한 물 한 잔을 마시고 심호흡을 몇 번 하면 화의 절반은 가라앉는다. 시간 속에는 모든 걸 원점으로 돌릴 반작용 에너지가 있기 때문이다. 회사나 집을 한 바퀴 돌고 나면 생각과 감정의 안전장치가 작동하기도 한다. 푼돈의 인내심은 이런 참는 법을 가르친다.

더불어 푼돈을 모으는 인내심은 개미의 끈기를 키워준다. 직장에서 혹은 사업을 하다 보면 끈기가 부족해서 일을 망치는 경우가 의외로 많다. 밥을 지을 때는 뜸이 다 든 뒤에 뚜껑을 열어야 한다. 밥 끓는 소리를 듣고 참지 못해 성급히 뚜껑을 열었다가는 죽도 밥도 안 된다.

문제가 생겼을 때도 인내심은 필요하다. 상처가 아물기 위해서는 충분히 고름이 고일 시간이 필요하다. 성급하게 건드리면 낫기는커녕 덧날 뿐이다. 터뜨릴 수 있는 시간이 오기를 기다리는 끈기가 문제 해결에서 절대적으로 필요하고, 따라서 인내심이 요구된다.

푼돈이 목돈이 되는 과정은 이 같은 끈기를 사람들에게 훈련시킨다. 그리고 끈기의 끝에 비로소 성공이 자리 잡고 있음도 알려준다.

마지막으로 인내심은 정확한 타이밍을 잡도록 도와준다. '타이밍'의 문제는 특히 사업하는 사람에게 중요하다. 삼성의 이건희 회장은 직원들의 생계와 주주들의 돈을 책임지고 지켜야 하는 경영자가 해야 할 가장 중요한 일 중 하나를 타이밍을 잡는 것으로 꼽았다. 서두르지 않고 주변의 변화를 면밀히 관찰하면서 때를 기다리는 한편 때가 왔을 때 과감하고 신속하게 행동해야 하는데, 그 '때'를 결정하는 것이 경영자의 가장 중요한 역할이라는 것이다. 그러기 위해서는 '때'를 기다리는 인내심이 필요하다.

결국 사회생활이나 일상의 모든 일에서 섣불리 덤벼 망치지 않기 위해서는 인내하고 기다려야 하는데, 푼돈 절약은 이런 인내심을 키울 수 있는 좋은 방법이다.

하루하루 사라지는 푼돈을 단단한 낚싯대로 건져 올리는 자세만 있다면 누구나 목돈을 모을 수 있다. 푼돈을 모으는 것은 결코 그물로 고기를 한꺼번에 낚는 것이 아니다.

모으는 즐거움,
커지는 낙관론

세상은 내가 어떤 관점으로 보느냐에 따라 달라진다. 세상만사를 비관적으로 보면 늘 어둡고 절망적이다. 이와 반대로 낙관적으로 보면 세상은 밝고 희망적이다. 따라서 어떤 상황에서도 우리에게는 낙관적으로 생각하는 태도가 필요하다. 낙관적 사고는 희망을 만들고, 그 희망은 에너지를 만든다. 그리고 그 에너지는 성공을 만들고 때로는 기적 같은 일이 일어나도록 한다. 그러한 낙관성이 갖고 있는 힘을 보여준 대표적인 인물이 바로 성웅 이순신 장군이다.

국운이 풍전등화의 위기에 놓인 임진왜란에서 모두가 배 열세 척밖에 남지 않았다고 비관할 때 이순신 장군은 '우리에게는 아직 열세 척이나 남아 있다'고 낙관했다. 그리고 결국 그런 낙관이 명량해전에서 열 배가 넘는 적선을 섬멸하는 기적 같은 승리를 일구어냈다.

낙관은 막연히 '잘 될 거야'란 생각을 하는 것이 아니다. 미세한 곳에서 생겨나는, 그러나 결과적으로 큰 차이를 만들 수 있는 작은 진동을 감지하는 것이다. 작지만 위대함을 만들 수 있는 무엇을 발견하는 것이다. 이순신 장군은 울돌목의 미묘한 물살 변화를 감지했고, 샘 월튼은 푼돈에 담긴 보이지 않는 에너지를 깨달았다. 작지만 그 속에 위대함이 담겼다는 사실을 인식하고 또 그것을 찾아내는 것, 푼돈의 소중함을 깨닫는다면 이렇듯 겨자씨 안에 담긴 천국을 직관할 수 있다.

꿈을 이룬다는 것은 내가 지금 갖고 있지 못한 무엇인가를 갖게 된다는 것이다. 그러기 위해서는 가능성에 대한 낙관적인 생각이 반드시 필요하다. 그래서 꿈은 꾸는 자만이 이룰 수 있다고 성공한 모든 사람들이 말한다. 감나무 밑에 누워만 있거나, 먹을 수 없다고 체념한다면 결국 감은 품에 들어오지 않을 것이다. 그 감을 먹기 위해 노력하는 자만이 단맛을 볼 수 있는 것이다. 이와 마찬가지로 목표를 갖고 그 목표를 이룰 수 있다고 낙관하는 사람만이 고지에 오를 수 있다.

아울러 돈이 모이는 과정에서 느끼는 기쁨과 성취감은 꿈을 이룰 수 있다는 가능성을 보여주고 나도 할 수 있다는 의지가 생기도록 해준다. 즉 그냥 흩어졌을 돈이 모여 목돈이 되는 경험을 통해 순간순간을 열심히 살며 모으면 인생의 큰 성공이 다가옴을 느낄 수 있는 것이다.

수식 부자의 경우 같은 돈을 투자해도 어떤 이는 낳이 벌고 어떤

3장 작은 돈이 큰 행복을 만든다
113

이는 큰 손해를 볼 수 있다. 그러나 푼돈을 절약해 모으는 것은 그렇지 않다. 부자이거나 가난하거나 나이가 많거나 적거나 상관없이 '한 푼 더하기 한 푼은 두 푼'이라는 동일한 원칙이 적용된다. 세상의 모든 사람에게 공평하게 적용되는 이런 '푼돈의 룰'은 내가 비록 가난하더라도 세상을 비관하지 않고 열심히 일하고 모으면 큰 부자가 될 수 있다는 희망의 메시지를 던진다. 이것이 바로 푼돈이 주는 또 다른 낙관이다.

곰곰이 따져보면 인간이 성공의 고지에 도달하는 과정은 푼돈이 목돈이 되는 것과 닮은꼴이다. 즉 작은 노력이 수없이 쌓이고, 또 그 시간을 인내한 뒤에야 결실이 맺어진다. 예를 들어 성공한 요리사가 되기 위해서는 주방 허드렛일부터 열심히 배우고 익혀야 한다. 그 일들이 하찮게 여기고, 투덜거리며 힘들다고 포기하면 결코 요리사가 될 수 없다. 푼돈이 모여야만 목돈이 되는 것처럼 그런 노력이 쌓여야만 훌륭한 요리사가 되는 것이다. 아무리 좋은 요리학원을 다녔어도 '어느 날 자고 일어나보니 유명해진' 그런 요리사는 없다. 어느 날 프랑스 요리 경연대회에서 큰 상을 받아 갑작스럽게 유명해진 사람도 그 인생을 자세히 보면 그 자리에 서기까지 수없이 많은 노력이 밑거름이 되었다.

푼돈으로 목돈을 모은 경험은 하찮은 것이 모여 위대한 걸 만든다는 진리를 알게 해준다. 이런 경험은 하찮고 힘든 나의 일이 1년이 되고 2년이 되면 밝은 내일을 만들 것임을 믿게 해준다. 낙관적인 생각을 갖고 사는 사람은 비록 오늘이 힘들어도 내일에 대한 희망을 가질 수 있는 것이다.

　지금은 월급이 형편없고 아르바이트로 근근이 생활하지만 꿈이 있고 그 꿈을 이루기 위해 한 걸음씩 나아간다면 미래는 밝다. 푼돈의 소중함에 대한 깨달음은 지금의 힘든 삶 안에서도 미래에 대한 꿈을 키울 수 있게 해주는 빛이 된다.

인생이 심플해지는
소비생활 다이어트

푼돈을 모으면 인생도 심플해진다. 내 삶과 시간의 불필요한 치장을 걷어내기 때문이다. 인생의 군살을 빼는 다이어트가 이뤄지는 것이다. 우선 쓰는 돈이 줄기 때문에 그만큼 해야 할 일의 목록이 간소해진다.

예를 들어 담배를 끊었다고 해보자. 담배 피울 곳을 찾아 헤매거나, 편의점을 찾거나, 재떨이를 구하거나, 꽁초 버릴 곳이 없어 고민해야 하는 일이 사라진다. 최근에는 법이 바뀌면서 실내에서 담배를 피울 수 있는 건물이 거의 없다. 따라서 흡연자는 업무 시간 중에도 담배를 태우려면 건물 밖을 들락날락해야 한다. 인생이 불필요하게 힘들어지는 것이다.

푼돈을 아낀다면 술 마시는 횟수도, 그리고 술 마시는 시간도 줄어든다. 술집을 찾아 헤맬 필요도, 밀린 술값 때문에 골치 아플 일도 없을 것이다.

관리해야 할 물건의 수도 줄어든다. 뒹구는 머리핀이나 곰인형 수도 줄고, 온라인 쇼핑몰이나 백화점 나들이에서 습관적으로 구입하는 옷가지도 준다. 한 번도 써보지 못한 채 애물단지처럼 자리만 차지하는 지름신의 파편들도 사라진다. 이런 파편들은 내가 얼마나 돈을 낭비했는지를 보여주는 물품들이다.

대신 내 방, 내 집의 공간은 부쩍 늘어난다. 아마도 1년 동안 한 번도 사용한 적이 없는 물건이라면 앞으로도 10년간 사용할 가능성이 희박한 물건이다. 이런 것도 과감히 처분하자.

또한 냉장고도 한결 가벼워진다. 불필요한 식재료 구입이 줄기 때문이다. 냉장고는 일반적으로 전체공간의 60%가량이 차있을 때 전력소비가 가장 적다고 한다. 즉 그 이상을 넘어가면 전기 소비량이 늘어난다. 사실 어느 집이건 냉장고 안에는 필요에 의한 구매가 아닌 충동구매로 산 뒤 그대로 방치된 것들이 더러 있다. 사는 데 돈 들어가고, 보관하는 데 돈 들어가고, 버리는 데 또 돈 들어가는 블랙홀 같은 존재이다.

주변이 단순해지고 공간이 넓어지면 마음도 홀가분해진다. 넓어진 만큼 마음의 공간도 확장되는 것이다. 모든 것에서 마찬가지지만 인간의 마음도 여백이 필요하다. 빈 공간이 있어야 그 안에서 생각을 뒤틀어볼 수 있고, 잠시 정리되지 못한 생각을 보관할 수도 있다. 또한 그런 여백에서 21세기 사회의 최고 경쟁력인 상상력이 나온다.

반면에 온갖 불필요한 물건으로 가득한 머릿속은 상상력이 자리 잡을 곳이 없다.

늘어나는 것은 물리적, 정신적 공간만이 아니다. 나만의 시간도 늘어난다. 의미 없는 술자리와 같은 불필요한 일이 줄면 그만큼 단출한 저녁시간을 보낼 수 있다. 그 저녁시간을 이용해 가지런히 하루를 정리하는 여유를 즐길 수 있다. 가족이 있는 가장이라면 아이들의 숙제도 봐주고 함께 놀아줄 수도 있다. 이 같은 시간을 통해 낮에 복잡하게 진행됐던 일들을 평가할 수 있고, 차분히 결정해야 할 일들을 정리할 수 있다.

저녁식사 후 동네 주변의 공원이나 야산을 한 시간 정도 산책해보라. 몸도 좋아질 뿐만 아니라 오늘 한 일을 돌아보고 내일 할 일을 계획할 수 있다. 몸도 가벼워지고 머리도 심플해진다.

사실 일을 너무 복잡하게 생각해 그 해결의 실마리를 찾지 못하는 경우가 많다. 콜럼버스의 달걀 세우기처럼 해결책은 간단한데도 사람들은 복잡하게 생각해 풀지 못한다. 그러나 낮에 복잡하게 생각됐던 문제도 저녁시간에 선선한 바람을 맞으며 다른 각도에서 보면 단순해지고 해결책이 떠오른다. 푼돈 절약을 통해 심플해진 몸과 마음의 여유가 상상력과 문제 해결 에너지를 제공하는 것이다.

현대인의 삶은 무척 복잡해졌다. 해야 할 일도, 해보고 싶은 것도, 먹고 싶은 것도, 가보고 싶은 것도 많다. 조금 더 많이 해보고, 조금 더 다양하게 먹어보는 것에서 행복을 찾고 기쁨을 누릴 수 있다고 생각한다. 그러나 모든 것이 끝나면 마치 연극을 마친 배우나, 시

험을 끝낸 학생처럼 오히려 더 큰 허탈감이 밀려온다. 과도한 기쁨은 그것을 원점으로 돌릴 고통의 반작용 에너지를 쏟아내는 탓이다. 그 고통의 에너지가 현실화하는 방식 가운데 하나가 텅 빈 지갑이다.

이제 많은 사람들은 현대사회가 제공하는 온갖 쾌락을 누린다고 더 기쁜 삶이 되지 않는다는 걸 깨달아가고 있다. 푼돈을 아끼는 것은 내 삶을 조금 더 단순하고 심플하게 만듦으로써 소박한 행복을 느낄 수 있도록 해준다.

2퍼센트 절제가 주는 삶의 즐거움

푼돈을 소중히 여기고 검소하게 살아가는 생활방식이 곧 금욕을 요구하는 걸까? 푼돈을 아끼는 것이 금욕을 필요로 하는 것이라면, 비록 그것이 부자의 길이거나 인간적 성숙함을 이룰 수 있는 방도라 하더라도 가까이 하기엔 너무 먼 당신일 수 있다. 한 번 사는 인생인데 그렇게까지 할 필요가 있는가 하는 생각이 들기 때문이다.

그러나 한 푼의 돈이라도 소중히 아끼는 것은 금욕이 아닌 절제하며 즐기는 성숙한 즐거움을 맛보는 길이다. 즉 2퍼센트를 채우지 않음으로써 98퍼센트의 만족을 온전하게 얻는 것이다. 욕망의 100퍼센트가 채워지면 사람들은 그 순간 만족한 일에 대한 허무함과 더불어 새로운 욕망을 느낀다. 욕망의 100퍼센트 만족은 끝이 아니라 200퍼센트 불만의 새로운 시발점이 된다. 그러나 98퍼센트만 채운다면 100퍼센트에 가까운 즐거움을 누릴 수 있다. 따라서 욕망의 만족에 따른 허무함이나 더 큰 욕망을 찾아 헤매는 일은 반복되지 않는다. 대신 그 자리에는 절제된 즐거움이 들어서고, 진정한 유쾌함이 찾아온다.

이처럼 2퍼센트 절제가 주는 즐거움은 우리 일상에서 손쉽게 찾아볼 수 있다. 식탁에서 배가 부르도록 밥을 먹는 것보다 약간 부족할 때 숟가락을 놓는 것이 좋다고 한다. 적당한 포만감을 위해서는 2퍼센트 부족할 때가 가장 좋다는 것이다. 즉 '한 숟가락만 더'를 참으면 과잉섭취도 막고 음식 맛도 온전히 느낄 수 있다. 당연히 건강도 좋아진다.

그러나 대게 배부르게 먹고 소화제를 찾는다. 술 역시 마찬가지다. 코가 삐뚤어지도록 마시기보다 얼큰하게 기분 좋은 시점까지 마셔야 한다. 그런데 사람들은 그 순간 '딱 한 잔만 더'를 외친다. 한 잔 더 마시면 취기의 흥겨움을 더 즐길 수 있으리라 생각하기 때문이다. 그렇게 어느 선을 넘어서 계속 마시다 보면 그때부터는 망가지기 시작한다. 술이 이기나 내가 이기나 끝장을 보는 전투모드로 돌입하는 것이다. 그리고 그 전투가 끝나면 심신이 피로할 뿐만 아니라 술값에 택시비에 엄청난 금전적 출혈도 발생한다.

대형마트나 슈퍼마켓에서 반찬거리를 살 때도 마찬가지다. 약간 아쉬운 듯 쇼핑을 해야 집에 돌아와 아쉬움이 없다. 사고 싶은 대로 다 사서 오면 필요 없는 물건을 장바구니에서 발견하고 곧 후회하게 된다.

그래서 그리스 철학자 플라톤은 2,500년 전 행복의 조건으로 다섯 가지를 이야기하면서 그 중 첫 번째로 '먹고 입고 살고 싶은 수준에서 조금 부족한 재산'을 꼽았다. 플라톤 역시 2퍼센트 부족할 때, 나아가 그만큼을 아낄 때 욕망이 완전히 표출되는 것을 제어할 수 있고, 더불어 행복할 수 있다고 본 것이다.

그런 면에서 푼돈 절약은 행복의 선순환 구조를 만들어준다. 돈을 아끼는 정신은 현실에 대해 적극적이고 긍정적인 생각을 갖게 하고 나아가 미래를 낙관하도록 하며, 이런 삶이 궁극적으로 사람들에게 행복감을 갖게 한다. 이 행복감은 사람들이 더 열심히 아끼고 모으도록 하고, 적극적이고 긍정적으로 행동하도록 하는 선순환 시스템을 만든다.

푼돈을 통해 배우는 절제는 결코 금욕주의자의 것이 아니다. 인생을 제대로 즐기기 위해, 그리고 인생을 풍요롭게 하기 위해 배워야 하는 생활습관이다. 절제력은 인생의 기쁨이 무엇인지 느끼게 해주는 중요한 덕목이다. 푼돈 절약은 모으는 기쁨과 동시에 절제의 기쁨을 주는 일석이조의 효과가 있다.

황금알을 낳는 거위 이야기는 약간의 아쉬움을 채우기 위해 나서다가 오히려 불행의 단초를 만들 수 있다는 경고를 담고 있다. 그런 절제가 결코 말처럼 쉬운 것은 아니다. 조금 아쉬울 때 숟가락 놓는 것이 좋다는 걸 알지만 실천하는 사람은 많지 않다. 오늘도 수많은 사람들이 밥 한 숟가락의 유혹과 싸우지만 대부분 지고 만다. 음주나 쇼핑에서도 마찬가지다. 푼돈을 아낌으로써 돈이 쌓이는 기쁨은 이를 가능하게 만드는 힘이 되어준다.

　사람들은 많은 걸 가져야 행복하다고 생각하고 자신은 갖고 있는 게 너무 없어 불행하다고 불평하다. 돈이 없어 맛있는 것도 양껏 못 먹고, 비싼 옷도 입지 못하고, 큰 집에 살지 못하기에 불행하다고 생각한다.

　하지만 행복은 재산 순이 아니다. 돈이 많다고 행복하고, 없다고 불행한 것이 아니다. 부자이지만 불행하기도 하고, 가난하지만 행복할 수 있다. 행복은 얼마나 돈을 많이 쓰느냐에 따라 정해지는 것 역시 아니다. 행복은 돈으로 살 수 있는 게 아니기 때문이다.

　그러나 푼돈을 아끼는 작은 노력은 사람들을 행복하게 만든다. 푼돈이 세상을 긍정적으로 보게 하기 때문이다. 지금의 현실이 어려울지라도 쌓여가는 푼돈이 만들어낼 미래의 꿈으로 행복할 수 있는 것이다.

어른을 만드는 훌륭한 교육

푼돈 절약은 금전적인 부자를 만들 뿐만 아니라 앞서 언급한 건강, 부지런함, 인내심, 낙관론, 심플한 인생 등을 비롯하여 많은 장점들을 가지고 있다. 그리고 궁극적으로 그 많은 장점들을 통해 성숙한 사람을 만들어간다.

살다 보면 하나를 포기해야 하나를 얻을 수 있는 상황에 처할 때가 많다. 푼돈을 모으는 과정도 마찬가지다. 잔돈 800원을 절약하고 모으기 위해서는 편안함을 포기해야 한다. 그런 과정을 통해 사람들은 푼돈이 모이는 돈맛과 함께 스스로 참고 견디는 인간적 수행을 경험한다. 유혹을 참는 과정의 의미가 단지 돈을 모으는 데만 있는 것이 아니라 사람을 사람답게 만든다는 데에도 있다.

따라서 부지런히 푼돈을 아끼는 사람은 나이에 상관없이 자신의 인생을 사랑하고 앞날을 착실히 준비하는 철이 든 사람일 가능성이 높다. 돈을 절약하며 인생이 던지는 의미를 해석하는 능력을 키우기 때문이다. 결혼 전 단 한 푼도 모으지 못하던 사람이 결혼 후 목돈을 모을 수 있게 되는 것도 이처럼 현실을 인식하면서 철이 들기 때문이다.

이런 맥락에서 푼돈을 절약하는 습관을 가르치는 것은 어른을 만드는 훌륭한 교육이다. 특히 아이들에게 경제 마인드를 키워줄 뿐 아니라 성숙한 인간을 만드는 삶의 체험이 될 수 있다. 돈을 아끼고 모음으로써 아이들은 푼돈이 결코 하찮은 존재가 아니라 목돈의 바탕이란 걸 배울 수 있고, 단지 경제적인 의미에서뿐만이 아니라 인생의 절제도 배울 수 있기 때문이다.

우리 속담에 '세 살 버릇 여든 간다'는 말이 있다. 어릴 적 좋은 소비습관을 갖도록 하는 것이 중요하고, 어떤 소비습관에 길들여지느냐에 따라 아이의 운명이 바뀔 수 있다. 그런데 맞벌이 가정이 늘어나 자녀를 한 명 낳는 경우가 증가하면서, 많은 부모들은 아이가 원하는 걸 최대한 사주고 또 해주고 싶어 한다.

그러나 절제 없는 소비를 몸에 배게 하는 것은 결국 아이를 불행하게 만든다. 욕망에 대한 통제에 실패하면 그 어떤 것도 자기 스스로 제어할 수 없는 사람이 되기 때문이다. 따라서 사고 싶은 것을 참을 줄 알고, 자기 것을 소중히 아낄 줄 아는 마음을 가르치는 것이 제대로 된 인성교육이고 진정한 자녀사랑의 길이다.

자본주의 인간형은 '최소비용 최대효과'를 위해 합리적 선택을 하는 사람이다. 즉 최소의 비용으로 최대의 효과를 누리기 위한 합리적 판단을 통해 소비하고 생산하는 사람이 자본주의 인간형이다. 경제학에서의 이코노미스트, 즉 경제인은 이 같은 자본주의 인간형을 모델로 하고 있다. 경제를 뜻하는 이코노미 역시 그 어원이 '절약'이다. 즉 자본주의의 밑바탕에는 최소비용 최대효과를 추구하는 정신이 깔려 있다.

그러나 우리는 자본주의 사회에 살면서 자본주의 인간형과 거리가 먼 소비패턴을 보이는 경우가 많다. 친구가 사용하니까, 유행이니까, 내가 좋아하는 연예인이 광고를 하니까 물건을 산다. 물론 그 물건을 사면서 느끼는 순간적인 심리적 쾌감은 있을 수 있으나 실용적 효용성은 떨어지는 경우가 많다.

푼돈은 이처럼 흐트러지기 쉬운 마음을 다잡아 자본주의형 인간을 만드는 역할을 한다. 아끼고 모으는 정신이 비합리적으로 흐르는 소비의식을 막아주는 방파제가 되기 때문이다.

짠돌이가 기업을 키운다

애덤 스미스는 그의 대표작《국부론》에서 기업인은 이윤 추구라는 이기적 욕망을 추구하지만 '보이지 않는 손'이 국부 창출이라는 이타적 결과를 만든다고 이야기한다. 깐깐한 소비자가 하는 역할도 크게 다르지 않은 결과를 만든다. 내 돈을 아끼기 위한 노력이 보이지 않는 손을 거치면서 튼튼한 기업과 나아가 국가경제 성장이라는 이타적 결과를 만드는 것이다.

사실 소비자의 생각과 기업의 생각은 다르다. 기업은 '고객만족'과 '고객사랑'을 외치지만 실제로는 이윤 추구가 목적이다. 이를 위해 가능하면 비싸게 팔아 높은 마진을 남기고 싶어 한다. 광고에 인기 연예인을 등장시키고, 일부러 유행을 만들기도 하는 이유가 여기에 있다.

그러나 소비자는 반대다. 좋은 물건을 싸게 사고 싶어 한다. 따라서 합리적 소비를 위해서 소비자는 기업의 '유혹'을 극복해야 한다.

이런 맥락에서 결국 기업과 소비자는 최소비용 최대효과의 원칙을 놓고 경쟁하는 관계이며, 기업 입장에서 특히 짠돌이는 '미운 오리 새끼' 같은 존재로 평가될 수 있다. 쉽게 지갑을 여는 소비자는 왕이고, 요모조모 따지고 살 듯 말 듯 가게 주인을 괴롭히는 소비자는 악마처럼 보이기도 한다.

그러나 세상에는 역설적인 일이 자주 일어난다. 이 같은 짠돌이, 깐깐한 소비자가 많을수록 기업이 오히려 더 튼튼해질 수 있는 것이다. 짠돌이가 기업의 경쟁력을 높이기 때문이다. 즉 소비자가 '메기의 역할'을 하면 기업은 더 튼튼한 미꾸라지가 되는 역설적 상황이 벌어지기 때문이다. 국산품 애용을 호소하는 기업에 대해 냉정하게 판단하는 소비자가 많을수록, 깐깐하게 가격을 따져 제품을 평가하는 소비자가 많을수록, 은근슬쩍 소비자 지갑을 털어가려는 기업에 대한 면밀한 평가가 많아질수록 생존을 위해 오히려 기업은 더 만족스러운 제품을 내놓기 위해 노력할 가능성이 높다.

소비자가 깐깐해질수록 기업 입장에서는 처음엔 불편하고 이 같은 고객이 맘에 안 들겠지만, 결과적으로 기업은 발전할 수 있는 힘을 갖게 된다. 소비자들이 비합리성의 유혹을 이겨내고 알뜰하게 소비한다면 기업도 거기에 맞게끔 변화한다. 결국 소비자가 물건을 사줘야 기업이 생존할 수 있기 때문이다. 소비자의 높아진 눈높이를 만족시키기 위해서는 그만큼 기업의 수준도 높아져야 하고, 그 수준을 만족시키는 기업만이 사랑을 받을 수 있다. 이것은 소비자에게도, 기업에게도 도움이 되는 길이다.

소비자를 '호갱'으로 생각하고 호주머니를 털려는 기업을 탓하거나 비판하는 것도 필요하지만 합리적 소비를 하는 것이 더더욱 소비자의 이해를 극대화하는 방법이다. 세계화 이후 국가 간 경쟁이 치열해졌다. 그동안 대한민국의 많은 기업들은 '국산품 애용'이라는 애국심에 호소해 내수시장에서 쉽게 돈을 번 뒤, 이렇게 모인 돈으로 세계시장에 뛰어들었다. 국산품을 애용함으로써 기업을 키워준 것이다. 삼성이나 LG, 현대자동차 등 국내 굴지의 기업들이 이 같은 소비자들의 도움으로 세계적 기업으로 성장할 수 있었다.

그러나 국내 소비자의 선의에 입각해 경쟁력을 키울 수 있는 시대는 이제 끝났다. 세계적 기업과 가격 및 품질 경쟁에서 앞서지 않고서는 생존이 힘들어진 것이다. 소비자가 한 푼이라도 싸게 사려고 하고, 조금이라도 오래 쓸 수 있는 것을 찾는 노력이 기업의 경쟁력을 키울 수 있는 시대가 됐다.

나눔은 세상을 아름답게 만든다

지금처럼 모든 것이 빨리 돌아가는 시대에 TV프로그램이 10년 넘게 장수하기란 쉽지 않은 일이다. 여러 장수 프로그램 중 2001년 2월에 시작해 2014년 12월까지 방영된 KBS의 〈사랑의 리퀘스트〉라는 프로그램이 있다. 도움이 필요한 이웃들의 삶을 소개하면서 시청자로부터 천 원씩 후원금을 모으는 방송이었다. 천 원은 그야말로 하찮은 푼돈이다. 그런데 방송을 보면 천 원이 쌓여 때로는 1억 원이 넘기도 한다. 천 원의 위력을 실감하지 않을 수 없다.

사실 천 원을 기부하는 일이 경제적으로 큰 부담이 되는 사람은 드물 것이다. 그러나 천 원이 모여 한 사람의 가난한 이웃을 돕고, 더나아가 따뜻한 온기가 사회의 추운 곳을 녹인다. 도움을 받는 사람만이 행복해지는 것은 아니다. 천 원을 낸 사람도 그 이상의 기쁨을 누린다. 아무런 흔적도 없이 사라졌을 천 원이 오히려 따뜻한 행복이라는 뿌듯함을 가져다준다. 더불어 옆에서 지켜보는 사람도 가슴 뭉클한 감동을 느낀다.

'100원회'라는 모임도 있다. 700여 명의 회원이 매일 100원씩 모아 15년째 아름다운 나눔을 실천하는 곳이다. 1999년에 설립된 이 모임은 2014년에도 29명의 학생에게 700만 원의 장학금을 전달했다. 지금까지 886명에게 1억 3280만 원의 장학금을 지급했다고 한다. 하루 100원을 아낀다는 것은 정말 아낀다는 축에도 들어가지 않을 것이다. 그러나 그 돈이 모이고 모이면 1억 원이 넘고, 그 돈이 또 아름답게 쓰일 수 있는 것이다. 이렇듯 작은 돈이지만 정성이 담긴 장학금을 받는 학생들의 마음에는 돈의 액수만큼이나, 티끌이라도 모으는 삶을 살면 언젠가 태산도 만들 수 있다는 희망을 줄 수 있을 것이다.

이것이 바로 십시일반의 아름다움이 아닐까. 열 명이 한 숟가락씩 덜면 밥 한 그릇을 만들 수 있다는 것이다. 큰돈을 벌어 거액을 기부하는 것도 아름답지만, 이렇듯 작은 돈의 정성이 개울처럼 모여 강물을 만드는 것도 무척 아름다운 일이라고 할 수 있다.

돈이 없어 남을 도울 수 없다고 이야기하는 사람들이 많다. 그러나 천 원을 내놓기 힘든 사람은 극히 드물 것이다. 따라서 돈이 없다고 외면하는 것보다 적은 돈이라도 가난한 이웃을 위해 기부하는 모습이 필요하다. '그렇게 모아봐야 얼마나 될까'라는 생각에 기부하지 않는다면 푼돈이 모여 목돈이 만들어지는 위력도 발휘될 수 없다.

더불어 작게라도 남을 돕는 문화가 확산되면 사회 전반의 기부문화도 확산될 수 있다. 그리고 이런 기부문화가 확산되면 특히 부유층과 고위층 사람들이 사회적 약자를 돕는 '노블리스 오블리제'의 전통도 만들어질 수 있다.

21세기의 합리적인 이코노미스트는 부지런히 일하고 아껴서 돈을 버는 것만으로 완성되지 않는다. 그렇게 번 돈을 낭비하지 않고 사용한 뒤 남는 재산은 사회에 되돌려주는 자세가 필요하다. 그럼에도 우리나라의 부자들은 사회에 환원하는 마지막 관문을 넘지 못해 결국 존경받지 못하는 신세로 전락하는 경우가 대부분이다.

나눔의 문화가 정착되지 않고는 궁극적으로 양극화라는 사회문제도 해결되기 힘들다. 정부는 이 문제를 세금을 늘려 해결하겠다고 하지만 분명 한계가 있다. 세금을 거두는 것도 한계가 있고, 그 과정에서 비대해지는 국가 권력은 예산이란 희소한 자원을 불합리하게 사용할 가능성도 높기 때문이다. 서로 돕는 사회가 되지 않고는 불평등의 문제가 해결되기 어려운 상황에서 그 출발은 누구나 할 수 있는 '작은 나눔'에서 시작될 수 있다.

푼돈 절약은 환경운동의 출발

푼돈을 소중하게 생각하면 결과적으로 환경을 보호하는 일에 앞장서게 된다. 전기요금을 아끼는 것이나 수도요금, 기름값을 아끼는 것 모두 푼돈을 절약하는 것 이외에도 환경을 지키고, 지구의 생태계를 보전하며, 지속가능한 발전을 이루는 동력이 되기도 한다. 푼돈 절약이 곧 자원 절약이기 때문이다.

예를 들어 수돗물을 적게 사용하면 수도요금을 절약할 수 있다. 동시에 갈수록 심각해지는 물 부족 현상도 해결하고, 하수구를 통해 흘러가는 오수 역시 줄일 수 있다. 결국 물을 아끼는 노력은 수도요금을 몇 푼 아끼는 차원이 아닌 지구의 환경을 지키는 우리의 깨어 있는 의식이자 노력이다.

전기 역시 마찬가지다. 전기요금을 아끼면 전기 생산에 늘어가는 석탄이나 석유 소비량도 줄어든다. 자연스럽게 자원도 절약하고 환경오염도 줄어든다. 나아가 우리가 소비하는 석유가 모두 외국에서 수입되는 상황에서 전기를 절약하고 기름을 절약하는 것은 우리의 국부 유출을 막는 길이기도 하다.

자동차보다는 뚜벅이 생활을 몸에 익히는 것도 이런 면에서 돈을 아낄 뿐만 아니라 환경도 지키는 일이다. 환경부에 따르면 국민 한 사람이 일주일에 한 번 대중교통을 이용하면 연간 휘발유 184리터, 31만 원가량이 절감되는 동시에 1년에 어린 소나무 159그루를 심는 효과를 볼 수 있다고 한다. 내가 일주일에 한 번 대중교통을 이용하면 연간 무려 31만 원을 절약할 뿐만 아니라 소나무 159그루를 심는 것과 같다. 10년이면 절약되는 금액은 310만 원이고, 무려 1,590그루의 소나무를 산에 심게 되는 것이다.

이밖에 음식을 아껴 먹는 것도 환경보호의 길이다. 음식 재료가 낭비되지 않을 뿐만 아니라 음식물 쓰레기도 줄어든다. 슈퍼마켓에 갈 때 반드시 장바구니를 들고 가는 것 역시 봉투값을 절약하는 한편 환경에 좋지 않은 비닐 사용도 줄이는 것이다.

이런 맥락에서 푼돈을 소중히 하는 것은 그것과 등가로 거래되는 자원을 소중히 사용하는 것이고, 아울러 과잉소비에 따른 쓰레기의 양산과 낭비를 막는 것이다. 내 돈을 아끼고, 나아가 부자가 되기 위한 것이지만 보이지 않는 손이 공익에 기여하도록 한다. 이러한 이타적 행위는 굳이 나를 희생하면서 할 필요가 없는 것이다. 이기적 활동도 보이지 않는 손이 이타적 결과를 만들도록 하기 때문이다.

우리는 이 지구를 미래세대로부터 빌려 쓰고 있다. 자원을 낭비하면 미래세대에게 물려줄 게 적어진다. 그러면 그들은 우리를 원망할 것이다. 세 개 쓸 것을 두 개만 쓰고 한 개를 남기는 절제의 노력은 결국 지구와 미래, 그리고 우리의 자식을 사랑하는 길이다. 더불어 푼돈을 아끼려는 노력은 아주 작은 곳에서 시작하는 환경운동이고 단순히 돈 몇 푼 모으는 차원을 넘어 절제하고 책임 있는 사람의 모습을 갖추는 것이다.

계영배 이야기

지금은 돌아가신 소설가 최인호 선생님의 대표작 《상도》에는 계영배라는 것이 나온다. 계영배는 '넘침을 경계하는 잔'이라는 뜻으로, 잔에 70퍼센트 이상 술이 채워지면 나머지가 모두 밑으로 흘러내리는 것이 특징이다. 고대 중국에서 인간의 끝없는 욕심을 경계하기 위해 만들어진 잔이라고 한다.

우리나라에서는 조선시대의 도공 우명옥이 계영배를 만들었다. 그가 계영배를 만든 연유에는 인간의 끝없는 욕망은 결국 신세 파탄을 초래한다는 것을 상징적으로 보여준다.

우명옥은 도자기를 만드는 솜씨가 뛰어나 궁중에 납품하는 등 명성과 함께 엄청난 재물을 얻었다. 그러나 방탕한 생활로 재물을 모두 탕진한다. 이후 우명옥은 자신의 잘못을 뉘우치고 돌아와 계영배를 만들었다고 한다. 인생을 살아가면서 욕망의 절제가 절대적으로 필요함을 그릇으로 설명하기 위해서다.

이후 이 술잔은 조선시대의 거상 임상옥의 소유가 되었다. 그는 계영배를 늘 옆에 두고 끝없이 솟구치는 욕심을 다스리면서 큰 재산을 모았다. 마찬가지로 푼돈도 이처럼 끝없이 솟아나는 욕망이 흘러 넘치지 않도록 해주는 역할을 한다.

수행이라는 것은 결과적으로 유혹을 견딤으로써 자신의 내면을 닦는 것이다. 편하게 가자는 생각에, 몇 푼 안 된다는 생각에 선뜻 지갑을 열기보다 유혹을 견딤으로써 우리는 가부좌를 틀고 수행에 정진하는 스님과 마찬가지로 삶 속에서 수행을 하게 된다.

또한 소비의 유혹을 이겨내고 내면을 닦는 노력은 나를 더욱 나답게 만들고, 편안함이란 유혹과 물질적 욕망의 무한한 만족이라는 환상에서 벗어나 내가 내 삶의 주인이 되도록 해준다. 내면의 완성은 돈으로 마음

껏 욕망을 채우는 것에서 얻을 수 있는 것이 아니다. 필요한 곳에 알차고 의미 있게 사용하는 것에서, 욕망의 유혹을 견디는 절제 속에서 찾을 수 있다.

4장

라이프 스타일을
바꾸면
돈이 모인다

．
．
．

힘들여 얻은 것을 소중하게 다뤄라.
부지런히 일해도 신중하게 다룰 줄 모르는 사람은
한 손으로 거둔 것을 다른 손으로 내버린다.
– 콜튼

．
．
．

십시일반 줄여보자

십시일반(十匙一飯)이란 열 사람이 한 숟가락씩 모으면 밥 한 공기를 만들 수 있다는 말이다. 열 명이 밥을 먹는 상황에서 갑작스럽게 손님이 찾아왔다면 십시일반하고 숟가락만 새롭게 준비하면 열한 명이 부족하지 않게 밥을 먹을 수 있다.

이런 십시일반의 매력은 두 가지다. 첫 번째는 푼돈의 매력처럼 작은 것을 모아 큰 것을 만들 수 있다는 점이고, 두 번째는 십시일반을 해도 내가 밥 먹는 데 큰 불편이 없다는 것이다. 그렇기 때문에 사회단체 혹은 종교단체는 이런 십시일반을 강조하는 경우가 많다. 내게 큰 불편함 없이 남을 도울 수 있기 때문이다.

십시일반은 푼돈 절약에도 적용될 수 있다. 예컨대 지출의 10분의 1을 일단 빼놓고 나머지로 한 달을 생활하는 것이다. 한 달 용돈이 50만 원이라고 하자. 이 가운데 5만 원은 은행으로 보낸 뒤 나머지 45만 원으로 한 달을 사는 것이다. 5만 원쯤 줄었다고 한 달 버티는 데 큰 지장은 없다. 그런데 이 정도만 줄여도 1년이면 60만 원이 모인다. 결코 적은 돈이 아니다.

더 적극적으로 활용해 6개월마다 지출 규모를 10분의 1씩 줄여가는 것도 좋은 방법이다. 첫 6개월은 50만 원에서 5만 원이 준 45만 원으로 생활하고, 반년 뒤 적응이 되면 45만 원의 10퍼센트인 4만 5000원을 다시 줄이는 2단계에 돌입하는 것이다. 이제는 45만 원을 사용하는 생활 패턴에 몸이 적응됐고, 동시에 새롭게 줄일 수 있는 푼돈의 품목들이 눈에 들어오기 때문에 두 번째 단계의 돌입은 의지만 있다면 가능하다. 이렇게 하면 그다음 6개월은 40만 5000원으로 한 달을 생활할 수 있게 된다. 푼돈이 통장에 차곡차곡 쌓이는 걸 보면 절약에 따른 아쉬움과 불편함은 눈 녹듯이 사라진다.

가정에서 생활비를 줄이는 데에도 응용할 수 있다. 한 달 생활비가 200만 원인 가정이 있다고 하자. 10분의 1이면 20만 원이다. 따라서 생활비 지출에 앞서 우선 눈 딱 감고 20만 원을 먼저 떼어 놓고 시작하는 것이다. 10분의 1을 줄였다고 해서 생활이 크게 불편하지 않다. 600그램 사던 삼겹살을 540그램만 사면 되고, 상추 역시 10분의 1을 줄여도 가족들의 삼겹살 파티에 큰 지장이 없다. 오히려 불필요한 것으로 가득했던 냉장고가 정돈된다.

한 달에 생활비 20만 원을 아낀다는 것은 하루 6000원씩 지출을 줄이는 것과 같다. 담배를 피우는 가장이 금연만 해도 매일 4000원

이상 절약된다. 가정주부라면 십시일반 계획을 세운 뒤 남편에게 금연하도록 협박(?)해보는 것도 좋은 방법이다. 이런 식으로 줄인 20만 원이 1년이면 240만 원이 된다. 한 달치 지출액보다 많은 거금이 되는 것이다.

과감하게 푼돈 절약 프로젝트를 수립하는 일이 두렵거나 세울 필요를 느끼지 못하는 사람도 십시일반을 해보면 좋다. 어렵지 않게 돈을 아끼는 습관을 몸에 익힐 수 있을 것이다.

더불어 다이어트를 통해 몸의 군살을 빼듯이 내 삶의 불필요한 부분도 제거할 수 있다. 몸무게의 10분의 1을 줄이기만 해도 몸이 가벼워지듯 지출의 10분의 1을 줄이면 그만큼 생활도 가벼워진다. 10분의 1이 줄어든다고 생활이 크게 불편해지지도 않는다. 오히려 목돈도 생기기에 일석이조다. 다이어트가 몸을 건강하게 하듯이 십시일반을 통한 푼돈 절약은 인생을 건강하게 한다.

사용 총량을 증가시켜 비용 절감을 충당할 수도 있다. 예컨대 20일마다 찾던 7000원짜리 이발소를 22일 만에 가는 것이다. 며칠 더 버틴다고 썩 티가 나는 것도 아니다. 깎을 때 700원 할인해달라고 떼를 쓰면 이발소 아저씨는 분명 이상한 눈으로 바라볼 것이다. 그러나 평소보다 이틀쯤 늦게 갔다고 "지난번보다 머리카락이 10퍼센트 더 자랐으니 700원 추가로 받겠습니다"라고 말하지 않는다. 이틀씩만 늦게 깎아도 1년이면 24일을 벌게 된다. 즉 1년에 한 번 이발을 덜 하게 되고, 따라서 이발 비용 10퍼센트가 절약된다. 평소보다 1주일을 더 버티면, 1년간 이발 비용을 30퍼센트 이상 아낄 수 있다.

같은 맥락에서 1회용 면도기를 한 번 쓰고 버리는 대신 며칠 더 사용할 수 있다. 좋은 제품은 일주일간 사용해도 큰 무리가 없다. 1회용 면도기는 한 번 쓰고 버리라는 뜻이 아닌, 칼날을 교환할 수 없기에 '1회용'이다. 만일 3일 썼던 사람이라면 4일 써보고, 5일 썼던 사람은 6일 써보는 것이다. 하루 더 쓴다고 해도 수염과 턱에 큰 지장은 없다. 날이 무뎌졌다 싶으면 은박지에 몇 번 문지른 뒤 사용해도 된다.

아침 밥상에서 꼭 밥 한 숟가락을 남겨 음식물 쓰레기를 만드는 사람들이 있다. 더 먹으면 살이 찔 것 같은 공포심 때문인 듯한데, 먹기 전 미리 한 숟가락을 덜면 어떨까. 밥 한 숟가락의 음식물 쓰레기를 만드는 대신 십시일반의 소중한 푼돈 절약이 될 수 있다.

내 삶에 당당하자

백화점에서 마음에 드는 옷을 입어보기 전에 가격부터 확인하면 쩨쩨해 보일까봐 망설여진다. 식당에 들어가 메뉴판의 비싼 가격표를 보고 앉았던 자리를 과감히 박차고 일어나는 것은 더더욱 쉽지 않다.

그러나 푼돈을 아끼기 위해서 쩨쩨함과 맞설 수 있는 용기도 때로는 필요하다. '그렇게 아낀다고 뭐 대단한 게 생기냐', '그러다가 소탐대실한다'라는 온갖 회유와 협박에도 굴하지 않는 자세가 필요한 것이다.

이왕이면 당당하게 쩨쩨할 필요가 있다. 따지고 보면 당당하지 못할 이유가 없다. '쩨쩨하다'는 평가는 상대의 이기적 욕망을 내가 만족시켜주지 않았기 때문에 나온 평가이기 때문이나. 쩨쩨하나는 날

없는 평가가 두려워 비싼 가격에도 선뜻 상황을 되돌리지 못한다면 그것은 내 지갑을 희생하면서 남을 위해 사는 것이다. 물론 살다 보면 이 같은 희생이 필요한 순간도 있지만, 그것이 오로지 이윤추구와 같이 타인의 이기심만을 위한 것이라면 다시 생각해봐야 한다. 그리고 나는 내 인생을 살면 되는 것이다. 다른 사람들에게 해를 끼치는 삶을 살아서는 안 되겠지만, 그들의 시선과 이기심을 만족시키기 위해 살 필요도 없다. 내가 내 삶을 행복하게 살아도 보이지 않는 손이 타인의 만족을 채워주는 경우도 앞서 본 것처럼 많다.

기업들은 '조잔하게 푼돈 아깝다고 생각하지 말고 아이스크림을 사먹고 커피를 들이켜라'고 속삭인다. 푼돈을 노리는 악마의 유혹이 천사의 얼굴로 다가오는 것이다. 무섭게 협박하기보다 달콤한 언어로 부드럽게 속삭인다. 연약한 인간은 거대한 카리스마로 무장한 이들 앞에서 스스럼없이 지갑을 내주고 항복한다. 그 앞에서 당당해질 수 있는 내가 되어야 한다.

이는 곧 나 자신의 주체성을 확보해가는 것이기도 하다. 내가 원하는 방식으로 지출을 하고, 내가 원하는 만큼 아끼고, 남들의 궁색하다는 눈 흘김에도 당당해지고, 하기 싫은 걸 남들 눈 의식해서 마지못해 한 뒤 후회하는 걸 막는 것이다. 그리고 통장에 쌓여가는 잔고를 보면서 행복해하는 나를 발견하는 것이다. 유혹을 이겨내는 고통만큼 통장에 쌓인 잔고가 기쁨을 전해준다. 결과적으로 고통과 기쁨의 크기는 같을 수 있지만, 내게는 돈이 남아 있다는 차이가 있다.

이런 맥락에서 푼돈에 쩔쩔매는 모습이 '돈의 노예가 된 것'이란 이데올로기에서도 벗어나야 한다. 돈의 노예가 된 것이 아닌 '신상'과 광고와 유행의 노예에서 벗어난 것이고, 내 삶을 스스로 판단하며 내 돈을 내 뜻대로 사용하는 것이다.

소비가 미덕인 시대에 악마의 유혹이 넘쳐나는 세상에선 오히려 '돈의 노예'가 되는 게 삶을 중용으로 끌어가는 현명한 방법이다. 모두가 소비의 미덕을 외칠 때 그것의 폭풍에서 한 발 벗어나 나만의 길을 가는 것이라고 할 수 있다. 그래서 부자들은 쩨쩨한 경우가 많다. '너무 좀스러운 것 아니냐'는 경멸의 시선에 굴하지 않아야 부자가 될 수 있다.

그 쩨쩨함은 좀스러움이 아닌 작은 것을 소중히 하는 마음이다. 앞서 이야기했듯이 '푼돈'은 하찮은 존재가 아니다. 작은 동진은 내 삶을 통째로 바꿀 수 있는 기적 같은 존재이다. 따라서 푼돈을 아끼고 모으는 일은 하찮은 폐품을 수집하거나, 무의미한 일에 신경을 곤두세우는 것이 아니다.

이렇듯 당당해지기 위해선 나만의 적극적인 가치를 수립해야 한다. 이는 현대사회가 깔아놓은 그물에 옭매여 사는 것이 아닌 나만의 기준으로, 나의 행복을 위해 살아가는 것이다. 남들이 펼쳐놓은 잔치판에서 수동적으로 즐기고, 그들이 요구하는 금전적 대가를 지불하는 것이 아니라, 나만의 기준과 즐거움으로 하루하루를 만들어가는 것이다.

그 과정은 끊임없이 세상에 던져진 내 삶의 조건과 싸우는 과정이다. 많은 기업과 성지인들은 '고색을 행복하게 해준다'거나 '국민 노두를 만족시키겠다'는 말로 대중의 생각을 마사지한다. 그저 그들이 시키는 대로 하면 행복해질 것 같은 착각에 빠지기도 한다. 한편으로 대기업과 정부를 욕하지만 그들이 경제를 발전시키고 소득을 높여 모든 국민을 잘 살게 해줄 것처럼 믿게 되기도 한다. 그러나 궁극적으로 내 삶을 책임져주는 것은 없다.

깎는 것이 아니라 버는 것

100만 원짜리 오디오를 사면서 5000원을 깎기 위해 10분간 싸우는 장면을 목격한 적이 있다. 처음엔 10만 원을 깎아달라고 우겼다. 그런데 가게 주인은 하나 팔아 5만 원 남는다며 엄살을 부렸고 계속되는 실랑이 끝에 고작 5000원을 깎았다. 그렇게까지 할 필요가 있나 싶어 투덜거리는 내게 그는 이렇게 말했다.

"10분간 일해 5000원 벌었잖아. 땅을 파봐, 그 돈 나오나."

그랬다. 그는 물건값을 깎기 위해 실랑이를 했다기보다 10분간 5000원인 아르바이트를 한 것이다. 대개의 경우 5000원만 깎아준다고 하면 '됐다'면서 포기하기도 한다. 100만 원에서 5000원 깎아봤자 딱히 크게 싼 것도 아니기 때문이다. 하지만 그는 돈을 번다고 생각했기에 악착같이 싸웠다. 고작 5000원이시만 묘한 쾌감이 밀려온다. 돈 버는 '맛'이 있기 때문이다.

치아 한 개가 3분의 1쯤 부러져 치과를 찾은 적이 있다. 첫 번째 만난 의사는 이를 뽑고 양쪽에 있는 걸 간 뒤 금니를 끼어야 한다고 했다. 200만 원 정도 했던 것 같다. 그래서 다른 병원을 찾았다. 두 번째 의사는 레진으로 부러진 곳을 채우면 될 것 같다고 말했다. 가격은 8만 원. 진료 한 번 더 받음으로써 192만 원을 번 것이다. 한 달 생활비를 순식간에 벌어들인 셈이다.

푼돈을 아낀다는 것에는 당연히 조금 더 싸게 사는 것이 포함된다. 한정된 예산으로 생활비가 빠듯한 상황이라면 한 푼이라도 저렴하게 사야 간신히 예산에 맞출 수 있을 때가 있다. 또한 가격이 목에 간당간당 걸리는 경우도 있다. 조금만 더 싸면 살 수 있을 텐데, 그 차액이 눈에 밟혀 사지 못하는 것이다. 여기저기 발품을 팔다 보면 조금 더 싼 곳을 찾을 수는 있다. 같은 제품의 가격이 모든 곳에서 늘 같은 게 아니기 때문이다.

하지만 여기저기 알아보는 게 귀찮을 때가 있다. 괜히 쫀쫀한 것 같고, 여기나 거기나 비슷할 것 같고, 왔다 갔다 하는 게 시간낭비란 생각이 들어서이다. 하지만 '돈을 벌기 위해 다닌다'고 생각하면 마음자세가 달라지는 걸 느낄 수 있다. 서너 시간 품을 팔아 3~4만 원을 아낄 수 있다면 그만큼을 번 것으로 생각될 수 있다.

동시에 지식을 쌓는 기회도 된다. 이곳저곳 알아보다 보면 해당 제품에 대해 깊게 알게 된다. 가격뿐만 아니라 성능 등에 대해서도 한 곳에서 살 때보다 더 많이 알게 된다. 꼼꼼히 비교하는 과정에서 전문가 수준이 되기도 한다. 너무 비싸게 산 것은 아닌지 하는 불안감도 사라진다. 아울러 제품에 대한 애정도 늘어난다. 오랜 시간 이곳저곳 헤매면서 제품에 대한 간절함이나 욕망이 증가했기 때문이다. 몇 번의 고비를 거쳐 다시 만난 첫사랑처럼 애틋함이 피어오른다.

아울러 나중에 조금 더 싸게 샀다는 친구의 말에 기분이 상하는 일도 없어진다. 당장 귀찮아 대충 구매하고 나면 더 싸게 샀다고 자랑하는 사람이 분명 나타난다. 바가지를 쓴 것처럼 기분도 나쁠 뿐만 아니라 마치 '먹튀'처럼 생각되면서 내가 산 제품에 대한 애정도 줄어든다.

하트를 준비하시고 쏘세요

누군가에게 선물을 줄 때 돈을 절약하기 위해서는 대신 주어야 할 것이 있다. 바로 마음이다. 마음이 담기지 않은 싸구려는 눈을 흘기게 만들지만, 마음이 담기면 비싼 것에 버금가는 효과를 발휘한다. 상대는 좋은 선물을 받아 기쁘고, 나도 내 마음을 전달해 기쁘다. 돈도 절약할 수 있다.

기억 속 가장 소중한 선물은 사실 비싼 제품이 아닌 마음이 담긴 작은 선물인 경우가 대부분이다. 무뚝뚝한 남성도, 선물 좋아하는 여성도, 나이 든 노인도, 아이들도 크게 다르지 않다. 나에게도 어느 생일날 아이들이 색종이에 적어준 생일카드와, 딸아이가 선물해준 작은 인형이 가장 아름다운 선물로 남아 있다. 마음은 작은 것을 크게 만드는 힘이 있기 때문이다.

수학적으로 말하자면 마음은 무한대다. 1000원짜리 제품도 마음이 더해지면 그것의 가치는 무한대가 된다. 즉 측정이 불가능하다. 그리고 언제든 꺼내 쓸 수 있다. 상대에 대한 진심이 있다면 마음은 언제나 소중함을 꺼내준다. 이용할수록 사용법에 익숙해져 오히려 더 많이 쏟아낼 수도 있다. 따라서 가난해도 적은 돈으로 큰 선물을 줄 수 있다.

많은 사람들이 선물 때문에 고민한다. 무엇을 사야 할지 고민이 되면 머리만 아프다. 적은 돈으로 큰 효과를 낼 아이템에 골몰하고, 내가 한 선물이 애물단지로 전락하는 건 아닌지 걱정된다. 그래서 편하게 현금을 택하기도 한다.

이런 고민은 사실 '무엇을 사야 할지'에 대한 관심이다. 상대가 필요하면서도 가격이 적당한 걸 찾아야 하기 때문이다. 하지만 '무엇을 살까'보다 '어떤 마음을 어떻게 담을까'를 먼저 생각해보면 어떨까. 그러면 전혀 다른 차원의 접근이 이뤄진다. 동시에 작은 선물도 위대해진다. 선물을 키우는 건 '8할'이 마음이기 때문이다.

예컨대 여자친구 생일에 한강 고수부지에서 작은 케이크와 치킨 한 마리 그리고 맥주 두 캔을 준비한 뒤 달콤한 목소리로 축가를 불러주고 손으로 쓴 카드 한 장을 건네는 것이다. 비싼 레스토랑에서 24k 목걸이를 선물하는 것보다 더 의미가 있는 순간을 만들 수 있다. 카드대금 청구서 때문에 속이 쓰리는 일도 막을 수 있다.

이렇게 마음을 담는 것은 내 돈을 절약하는 것이기도 하지만, 동시에 물질이 내섭받는 현실에서 '마음'의 소중함을 실리는 길이기도 하다. 내가 먼저 마음을 담아 상대에게 전하면, 상대도 마찬가지로 마음을 담아 나에게 선물을 준다. 케이크를 선물했는데 다이아몬드로 되갚을 사람은 없지 않을까? 대신 마음이 담긴 고마움을 전해 받을 수 있다.

푼돈을 절약한다는 것은 나는 안 쓰고 상대에게 돈을 쓰게 하는 것이 아니다. 나는 1000원짜리 선물을 하고 1만 원짜리 선물을 받을 생각을 하거나, 나는 돈을 쓰지 않고 상대가 많은 걸 쓰게 하는 게 아니다. 그것은 빈대의 경제학이지 푼돈의 경제학은 아니다.

알맞게 따뜻한 국물과 새로 한 따뜻한 밥을 상에 올려놓는 정성이라면, 중국집에서 배달시킨 산해진미만큼의 아름다움과 가치가 있다. 비록 산해진미를 맛보는 즐거움은 없겠으나 따뜻한 국물을 통해 상대 마음이 내 마음으로 넘어오는 기쁨을 느낄 수 있다. 모든 것이 물질로 대변되는 세상에서는 오히려 마음을 담는 것이 더 희소하고, 따라서 돈 들이지 않고 행복을 만끽하는 방법인 것이다. 이렇듯 돈을 아끼는 것은 결과적으로 마음을 나누는 일이 될 수 있다. 이를 위해서는 분명 마음을 담을 때 작은 것도 소중해질 수 있다는 사실을 깨달아야 한다.

중독은 중독으로 이겨라

기업은 소비자의 중독을 원한다. 그래야 돈을 벌기 쉽기 때문이다. 그러나 인간이 중독을 멀리하는 건 낙타가 바늘구멍을 통과하는 것만큼 힘들다. 그러므로 필요한 것은 돈이 적게 들어가는 한편 긍정적인 효과를 만드는 좋은 중독이다.

처음엔 좋아서 시작하지만 결국 불안하고 괴로운 마음에 끊임없이 소비하도록 만드는 게 중독이다. 담배와 술뿐만 아니라 명품, 인터넷, 도박, 커피까지 중독을 만드는 건 부지기수다. 중독에 빠지면 가치를 위해서가 아닌, 단지 하지 않음으로써 발생하는 불안을 극복하기 위해 소비한다. 그럴수록 필요한 곳에 쓸 수 있는 돈이 줄어들게 한다.

사실 중독되지 않은 삶을 산다는 것은 힘들다. 이만기에 중독이 되고, 그 안에서 기쁨을 느끼거나, 스트레스를 해소하거나, 성취욕을 느껴야 하는 게 평범한 모습이다. 그리고 이 같은 성향을 내가 판매하는 상품으로 끌어들이려 하는 것이 기업의 마케팅 전략이다.

이 상황에서 택할 수 있는 방법은 좋은 중독을 찾는 것이다. 좋은 중독은 큰돈이 들지 않는 경우도 많다. 내가 아는 어떤 분은 주말마다 도서관이나 서재에서 원고를 쓰고 그것을 모아 책을 낸다. 직장을 다니면서 무려 열 권의 책을 냈다. 그는 글쓰기에 중독된 것이다. 쉽게 이해되지는 않겠으나 그는 주말마다 책상에 앉아 글을 쓰며 직장에서 쌓인 스트레스를 해소한다고 한다. 골프를 하고 친구를 만나는

동창들보다 더 저렴하게 주말을 보내는 것이다.

운동 역시 좋은 중독 가운데 하나다. 돈이 들어가면서 몸도 망가지는 취미보다는 자전거나 등산 등을 즐기면 된다. 나는 시간이 나거나 할 일이 없을 때 주로 여기저기를 걷는다. 굳이 경치가 좋은 곳일 필요는 없다. 사람 사는 곳을 걸으며 마주치는 이들의 표정을 느끼는 것도 좋은 취미가 될 수 있다. 걷다 보면 운동도 되고, 많은 생각도 할 수 있으며, 복잡한 마음이 정리되기도 한다.

알고 지내는 또 다른 분은 사진을 찍는 취미가 있는데 주말이면 결혼식이나 돌잔치 등에 가서 사진을 찍어 주고 수고비를 받는다고 한다. 본인이 좋아하는 사진도 찍고, 돈도 버는 것이다. 내가 뭔가에 빠져 그것이 푼돈 혹은 목돈을 잡아먹고 있다면, 혹은 중독이 필요하다면, 그것을 거부하기 힘들다면 내가 즐기면서도 돈도 들지 않는 좋은 중독을 찾을 필요가 있다. 가장 좋은 중독은 역시 푼돈을 모아 큰돈이 되는 기쁨을 얻는 중독이 아닐까.

처음으로 반에서 1등을 하면 하늘을 날 것 같은 기쁨이 샘솟는다. 그런데 계속해서 1등을 하면 점점 무덤덤해진다. 여전히 기쁘고 자랑스럽지만 처음 1등을 했을 때와는 분명 다른 기분일 것이다. 같은 맥락에서 언제나 전교 1등을 하던 학생이 2등으로 떨어지면 깊은 좌절감에 빠지기도 한다.

대개 우리가 소유할 수 있는 것은 늘수록 기쁨이 줄어든다. 그리고 어느 순간이 되면 원점으로 돌아간다. 늘어도 크게 기쁘지 않은 것이나. 무 배 늘어난다고 기쁨이 두 배가 된다면 세싱은 지금과 무척 다른 모습이지 않을까?

그리고 '0'을 넘어서면 기쁨이 아닌 고통으로 다가오기도 한다. 즉 성취 혹은 행위에 대한 기쁨은 아주 작은 대신 없거나 잃거나 하지 못했을 때의 고통이 크다. 그 고통을 원점으로 돌리기 위해 계속 그 성취를 유지하거나 행위를 지속해야 한다. 이것이 바로 중독이라고 할 수 있다. 콜라를 매일 열 잔씩 꼭 마셔야 한다면 그것은 기쁨보다는 마시지 않았을 때 느끼는 불안 때문이리라. 담배나 알코올 중독도 그것이 주는 기쁨이 아닌 안 했을 때 몸과 마음이 안달하기에 입에 대는 것으로 볼 수 있다. 명품 중독도 크게 다르지 않을 것이다.

문명사회의 과도한 풍요가 그것에 비례해 기쁨만을 만드는 것은 아니다. 즉 소득이 열 배 늘었다고 기쁨이 열 배가 되는 것은 아니다. 오히려 무엇인가에 중독되어 있을 확률이 높다. 어떤 문명의 발달도 모든 걸 원점으로 돌리는 힘 안에서만 존재할 수밖에 없는 것이다. 그걸 느끼고 살아갈 때 늘어나는 풍요와 그것이 만드는 중독에 대해 좀 더 현명한 길을 찾을 수 있다.

하나로 두 마리 새 잡기

스마트폰은 이미 통신수단을 넘어섰다. 사진기나 녹음기 역할도 하고, 소형 컴퓨터 기능도 지녔다. 이걸 따로 구입한다면 무척 많은 돈이 들 것이다. 그런데 단 하나로 모든 걸 만족시킬 수 있다. 스마트폰이 비싸다고 화가 날 때 이 생각을 해보면 다소 위안이 된다.

군대 간 아들이 편지를 보냈다. 어머니 혼자 보는 게 좋을까 아니면 가족이 함께 보는 게 좋을까. 당연히 후자다. 하나의 선물이 여러 사람을 행복하게 만들 수 있기 때문이다. 하나의 선물이 두 명 이상에게 기쁨을 줄 수 있다면 가치도 그만큼 증가한다. 이런 게 바로 '원 소스 멀티 유징(One Source Multi Using)'이다.

예컨대 상사나 후배의 선물을 살 때 가족에게 줄 수 있는 걸 구입하는 것이나. 아이가 아직 어리면 놀이동산 자유이용권을 선물하면서 "오랜만에 가장 노릇 한번 하라"는 이야기를 건넨다. 총각들에겐 부모님에게 드릴 수 있는 홍삼을 주면서 "효도 한번 하라"고 말한다. 당사자도 기쁘지만 이를 전달 받은 가족도 기분이 좋다. 프로야구 삼성라이온즈의 유중일 감독은 외국인 선수들과 성적을 놓고 아내의 '가방 사주기 내기'를 한다고 한다. 아내의 선물로 내기 품목을 정함으로써 선수들에게 동기부여도 하고 그 가족에게 기쁨도 선사하는 것이다. 실용적인 선물도 1석 2조의 기쁨을 준다. 선물 고르기가 애매할 땐 다소 무식해보여도 치약, 수건, 쌀, 휴지처럼 언제든 쓸 수 있는 것을 택한다.

한 가지 제품을 두 가지 용도로 사용할 수도 있다. 검은색 양복은 평소에도 입을 수 있고, 장례식 혹은 결혼식에도 어울린다. 또한 춘추복은 한여름을 빼면 4계절 이용이 가능하다. 겨울엔 내복을 껴입으면 되기 때문이다. 따라서 검은색 춘추복만 있다면 전천후로 활용할 수 있다. 운동화도 검은색을 구입한다면 신발로도 사용할 수 있고 때론 구두가 되기도 한다. 구두 구입에 들어가는 돈을 아낄 수 있게 된다.

오래전부터 나는 늘 비누로 머리를 감는다. 샤워를 할 때 머리에 한 번만 더 문지르면 된다. 샴푸와 린스 그리고 비누가 나눠서 하는 일을 하나로 해결하는 것이다. 번거롭지도 않고 돈도 절약된다.

기업은 갈수록 제품을 세분화해 사용하도록 권장하고 있다. 이미 각 가정에 냉장고가 있는데 또 한 대를 팔기는 쉽지 않다. 그래서 나온 것이 김치냉장고가 아닐까. 냉장실을 차지하는 비중이 높은 김치

보관을 위해 냉장고를 따로 개발한 것이다. 옷도 구두도 가방도 가능하면 세분화해 사용하도록 온갖 제품들이 우리를 유도한다. 사실 옷이 없고 구두가 없어서 생활에 불편함을 느끼지는 않는다. 각 상황에 맞는 옷과 신발의 구색을 갖추지 못할 뿐이다.

세탁 역시 빨래비누를 사용하던 시대를 넘어 지금은 세제뿐만 아니라 섬유유연제가 필수로 들어간다. 비누로 감던 머리도 이제는 샴푸와 린스를 포함해 각종 트리트먼트를 사용한다. 과거에는 세면대에 빨래비누 하나만 있었는데 어느 순간 세수비누가 등장해 두 개로 늘더니 지금은 샴푸와 린스뿐만 아니라 바디 클린징 등 수없이 많은 용품들이 어지럽게 놓인 경우가 많다. 화장품도 마찬가지로 종류가 세분화되어간다. 제품이 세분화할수록 그 모든 것이 우리에게 푼돈 혹은 거금을 요구한다. 제품이 세분화되고 그만큼 갖춰야 할 것이 늘어나면 당연히 지갑의 지출은 늘어날 수밖에 없다.

이처럼 자본주의 시장경제는 과거엔 하나로 해결이 됐던 걸 세분화해서 여러 가지를 사용하도록 은밀히 권장하고 있다. 사실 충분한 사용가치가 있기에 시장에서 고객의 선택을 받아 판매되는 것으로 볼 수도 있다. 그러나 그 욕망이 과연 무엇인지 생각해볼 필요가 있고, 그것이 어디로부터 출발한 것인지 고민해봐야 한다. 두 가지를 하나로 줄여 사용할 때 혹은 반대일 때 얻어지는 이득과 손실은 무엇인지 따져봐야 한다.

생돈이 아까우면 버텨라

　한번은 책상서랍을 열어보니 토플 책이 사라졌다. 어디로 갔을까? 아무리 찾아봐도 도무지 보이지 않는다. 그래서 찾기를 포기하고 쓰린 마음으로 다음 날 같은 책을 다시 샀다. 그런데 알고 보니 그 잃어버린 토플 책이 학교 사물함 바닥에 깔려 있는 것이 아닌가. 이런 상황이 벌어지면 정말 생돈 나간 느낌이 오래간다.

　'생돈' 나가는 기분이 들 땐 일단 버텨보는 게 어떨까? 그러면 많은 경우 시간이 답을 제공한다. 시간은 그저 가만히 있는 존재가 아닌, 끊임없이 공간과 교감하면서 문제를 해결하기 때문이다. 시간이 상처를 치유하듯이 생돈이 사라지는 아픔도 그곳에 기대 해결하는 것이다.

　또 한번은 깜빡하고 돗자리를 집에 두고 해수욕장엘 갔다. 서너 개가 집에 있지만 또 하나 사야 할 상황이다. 지갑을 꺼내들지만 생돈 나가는 아쉬움이 크다. 주변 상점에 가보니 가격도 대형마트에 비해 두 배나 비쌌다. 이번에는 어떻게 했을까?

쉽게 지갑을 열기보다 우선 정말 필요할 때까지 참아보았다. 그러다 보면 길이 생기기도 하니까 말이다. 운 좋게도 옆 텐트에서 삽을 빌리러 왔을 때 "혹시 남는 돗자리 있으세요"라고 물었더니 그는 남는 돗자리가 하나 있다면서 흔쾌히 빌려줬다.

이렇게 버티다가 '아 정말 필요하구나'라는 기분이 몰려올 때, 그때 지갑을 열면 간절히 바라는 상황이 되었기에 돈이 덜 아깝다. 잠시 모래바닥에 앉아 있던 경험이 새 돗자리의 안락함을 더해주는 것처럼 말이다.

시간이 지나면서 크게 불편을 느끼지 못할 때도 있다. 사야 할 이유가 얼음 녹듯이 사라진다. 이번에는 아이들이 너무 신나게 뛰는 바람에 소파가 망가졌다. 하는 수 없이 새 걸 사야 했고, 2주 정도 여기저기 가구점을 돌아다녔다. 그러던 어느 날 소파 없는 거실이 전혀 불편하지 않다는 사실을 문득 깨달았다. 오히려 공간이 넓어지면서 아이들이 더 신나게 뛰어놀 수 있었다. 결국 소파를 사지 않기로 결정했고, 지금도 우리집 거실에는 소파가 없다. 망가졌기에 당연히 사야 한다는 단순한 생각을 버린 것이다. 텔레비전이 망가졌을 때도 가족들 성화를 뒤로하고 한 달간 없이 지내봤다. TV가 없는 거실도 비록 한 달이었지만 무척 새로운 경험이었다.

의사들은 몸이 조금만 이상해도 큰 병일 수 있으니 빨리 병원에 기야 한다고 이야기한다. 그런데 병원에 가면 며칠 푹 쉬면 된다는 처방을 내리는 경우가 많다. 병을 치료하는 80퍼센트는 시간 안에서 현실이 되는 신의 선물, 바로 자연치유력이기 때문이다. 큰 병인지 아닌지 확인하기 위해서 병원에 갈 수도 있지만, 며칠 푹 쉬어보고 그래도 이상하면 그때 병원에 가면 되는 것 아닐까란 생각이 들 때도 많다.

상점에 가서 물건을 살 때도 마찬가지다. 생각한 것과 딱 맞아 떨어지면 관계없겠으나 가격이 비싸거나 원했던 것과 다소 다른 경우가 있다. 이럴 땐 조금 주저하게 된다. 살까 말까 머리가 복잡해지는 순간이 된다. 다른 상점에 가도 내 마음에 쏙 드는 걸 찾기 어렵다. 그 순간 대충 비슷하면 사자는 생각이 들기도 한다. 이럴 때도 잠시 기다려보면 어떨까. 며칠 뒤 찾아갔을 때 마음에 드는 걸 만날 수도 있다. 또한 기다리는 며칠 동안 더욱 주체적으로 사야 할 이유를 명확히 정의할 수도 있다.

후회하지 않기

푼돈을 아끼려다가 오히려 손해를 보고 후회했던 경험이 누구에게나 있을 것이다. 남은 음식이 아까워 버리지 못하고 먹었다가 배탈이 나면 아낀 돈보다 병원비가 더 나와 속이 두 번 뒤집히기도 한다. 교통비 절감을 위해 한 달 정도 열심히 자전거를 타고 다녔는데, 세워 놓은 자전거를 누군가가 훔쳐가 잃어버릴 때도 있다. 아끼고 아껴서 5년간 모은 돈을 한 방에 날리는 삶의 나락에 빠지기도 한다. 이럴 땐 애써 모으기보다 열심히 썼으면 덜 후회스러웠을 것 같은 생각도 든다. 오른손으로 아낀 만큼 왼손으로 빠져나가는 것 같은 생각도 몰려오고, 아끼느라 힘만 들었을 뿐 소득이 없다며 절망하기도 한다.

돈을 잘 쓰는 사람이 성공하는 경우도 많아 보인다. 돈이 아까워 머뭇거리는 사람보다 과감하게 쓸 줄 아는 이들이 일을 성사시키기도 한다. 쓴 만큼 들어온다는 말이 실감이 되기도 하고 지갑을 닫고 있는 자신이 한심스러워 보일 수도 있다.

프로야구를 보면 화려한 경기를 하는 팀이 있고 소박하지만 이기는 경기를 하는 팀이 있다. 수비를 중시하는 김성근 감독의 스타일이 후자에 가까울 것이다. 썩 재밌거나 드라마틱하지 않고, 그렇다고 늘 승리하는 것도 아니다. 그러나 결과적으로 좋은 성적을 거둔다. 화려한 경기를 하는 이들은 멋지게 이길 때도 있지만 비참하게 패할 때도 있는 탓이다.

아마도 푼돈을 아낀다는 것은 재미없는 길을 택하는 것이리라. 운동선수가 땀방울을 흘리면서 끊임없이 훈련을 하는 것과 같다. 휘황찬란한 네온사인에 몸을 내던지는 것도 아니기에 삶도 밋밋하다. 언제나 승리만이 있는 것도 아니다. 모든 상황을 덤덤하게 받아들이면서 가야 한다.

인생은 작용-반작용이 지배한다. 내가 번 만큼 나가게 되어 있고, 아낀 만큼 벌게 되어 있다. 만일 열심히 아낀 돈이 허무하게 사라졌다면, 그것을 다시 원점으로 돌릴 반작용 에너지도 동시에 생긴다. 로또에 당첨된 돈이 허무하게 사라지면서 원점으로 가듯이 애써 모은 돈은 허무하게 사라져도 다시 채워져 균형점을 회복한다. 노자가 이야기했듯이 비우면 채워지고 채우면 비워지는 것이다. 다시 채워졌을 때 이를 지키는 힘도 강해진다. 쉽게 무너지지 않는 것이다. 따라서 후회할 필요가 없다. 대신 보다 빨리 채워질 수 있도록 애를 써야 한다.

아끼고 아낀 돈도 그것을 원점으로 돌리려는 반작용을 버텨야 한다. 그 반작용을 언제나 이겨낼 수 있는 것은 아니다. 따라서 무너진다. 모든 것이 원점으로 돌아가는 것이다. 앞서 푼돈이 쌓이면 단단한 목돈이 되기에 잘 무너지지 않는다고 했다. 그러나 그것이 절대 무너지지 않는 것은 아니다. 그것도 무너질 때가 있다. 돈을 지키는 것도 힘이 있어야 가능하다. 나에게는 그 힘이 더 생긴 것이다. 무너지는 고통을 겪은 뒤 다시 채워지면 그 힘이 커진다.

아끼고 아껴 모은 돈이기에 더 아깝고 절망스러울 수 있다. 그 절망은 좌절로 이어지기보다 다시 출발하는 힘으로 키워야 한다. 그 절망을 원점으로 돌리기 위해 더 노력하는 힘으로 사용해야 한다.

동계훈련을 열심히 한 팀 혹은 선수가 게임에 질 경우 다른 팀보다 더 비장하게 패배를 바라본다. 겨우내 흘린 땀방울이 아깝기 때문이다. 힘든 훈련이 도루묵이 되는 절망감에서 어떻게 자유로울 수 있겠는가. 그러나 그 절망은 내일의 승리를 만드는 반작용 에너지를 만드는 것이다.

죽을 때 무덤으로 돈을 가져갈 수 있는 사람은 없다. 결과적으로 모든 것은 원점으로 무너뜨리려는 반작용을 견디며 투쟁하는 과정이다. 그 과정에서 무너지는 건 너무나 당연하다. 쉽게 성을 쌓은 사람은 쉽게 무너지지만 힘들게 쌓은 사람은 분명 힘들게 무너진다.

가능할 땐 자급자족하라

산업화 이전에는 많은 사람들이 생활필수품 대부분을 직접 조달했다. 농사도 스스로 지었고, 집도 직접 세웠으며, 두부도 손수 만들어 먹었다. 그러다가 시장경제가 급격히 발달하면서 시장에서 구매하는 경우가 늘었다. 직접 만들고 길렀던 두부와 콩나물 등을 이젠 너나없이 돈 주고 산다. 요즘에는 집을 직접 짓는 사람은 무척 드물다. 가난하건 부자건 큰 차이가 없다.

그 결과 집 안으로 온갖 물건은 들어왔지만 돈은 잃어버린다. 김치나 삼겹살 등을 얻지만 대가로 돈이 사라진다. 하지만 우리는 돈을 잃어버린다고 생각하지 않는다. 정당한 교환을 했다고 배웠기 때문이다. 100원을 주고 그만큼 혹은 그 이상 가치 있는 물건을 얻었다고 '믿는' 것이다.

교환하는 순간만 본다면 틀린 말은 아니다. 그러나 한 가지 간과되는 사실이 있다. 결국에는 돈도 사라지고 상품도 소비되어 없어진다는 점이다.

예를 들어 4만 5000원을 주고 담배 한 보루를 구입했다고 해보자. 정당한 교환을 한 것이다. 그런데 1~2주 뒤 담배를 다 태우고 나면 어떤 상황이 될까. 내 수중엔 담배도 돈도 없다.

결과적으로 남은 게 없다는 점에서 잃어버린 것과 큰 차이가 없다. 물건을 사지 않았다면 그대로 있을 돈이 사라졌기 때문이다. 돈을 길거리에서 분실했을 때처럼 화가 나는 건 아니지만 아쉬움은 다른 형태로 모습을 드러낸다. 바로 돈에 대한 갈증이고 미련이다. 늘 돈을 잃어버리기 때문에 갈증도 심하다. 필연적으로 만성 돈부족 증후군이란 병을 앓을 수밖에 없다.

시골에서 온 한 분은 농촌사람들이 빚에 시달리고 살림이 팍팍한 이유에 대해 흥미로운 이야기를 해주었다. 농산물 가격이 저렴해서도, 수입 농산물이 들어와서도, 중간 상인이 농간을 부려서도 아니란 게 그분의 설명이다. 농촌에서 살면서 도시사람들이 누리는 걸 따라 하다 보니 빚도 지고 살림도 쪼들린다는 것이다. 물론 농촌에 산다고 문명의 혜택을 누리지 말라는 법은 없다. 그러나 풍요가 돈을 잃어버리는 고통을 몰고 온다는 점, 풍요와 함께 고통도 농촌으로 유입된다는 점은 분명해 보인다.

결과적으로 우리 사회에서 분업과 교환이 계속되는 이상 돈은 지속적으로 빠져나가고, 이에 따른 아쉬움과 후회는 사라지지 않을 기능성이 높다. 절제를 통해 이에 대한 통제가 필요하다. 특히 알게 모르게 빠져나가는 푼돈만 잘 간수해도 더욱 달콤한 삶을 살 수 있다.

절제 이외의 다른 방법이 있다면 생활필수품들을 가능한 한 스스로 만들어 사용하는 것이다. 할 수만 있다면 내 손으로 필요한 걸 해결하는 것이다. 가까운 거리라면, 버스나 지하철, 택시, 자가용 등 교통수단을 이용하는 대신 직접 자전거를 타고 출퇴근하는 것 역시 스스로 해결함으로써 푼돈을 아끼는 방식일 것이다.

어떤 분은 자동차에 들어가는 워셔액을 직접 만들어 사용한다고 한다. 수돗물에 세제를 소량 섞기만 하면 된다. 겨울엔 얼 가능성이 있으므로 소주를 약간 섞으면 좋다고 한다. 워셔액을 직접 만들어본다면 재밌는 경험도 되고, 돈도 절약하고, 소소한 행복을 그 안에서 얻을 수 있을 것이다.

만일 온 국민이 지금보다 두 배 더 많이 상품을 소비한다면 우리나라의 국내총생산(GDP)은 두 배 더 올라갈 것이다. 국내총생산은 공장에서 물건을 얼마나 더 많이 생산했는지를 통해 산출하는 것이 아닌, 시장에서 얼마나 더 많은 거래가 이뤄졌는지를 바탕으로 계산하기 때문이다. 예컨대 집에서 전혀 밥을 해먹지 않고 아침, 점심, 저녁 모두 시장에서 구입한다면 우리나라의 국내총생산은 그만큼 올라간다. 반면 온 국민이 끼니를 전부 직접 기른 채소를 곁들여 스스로 해먹는다면 먹는 데 들어가는 채소의 양은 같아도 대한민국 경제는 마이너스 성장을 할 수도 있다. 책을 사 보든 술집에서 소주를 마시든 그저 많이 쓰면 올라가는 것이다. 국내총생산과 유사한 국내총소비

(GNI)도 크게 다르지 않다. 많이 쓰는 것이 독이 될 수 있다는 점에서 이 둘의 상승이 행복과 직결되는 것은 아니다.

광고와 유행에 흔들리지 않기 위해서는 자기만의 주관이 있어야 한다. 많이 벌고 아끼는 것만이 전부가 아니라 합리적으로 소비하는 것도 매우 중요하다.

비법은 없지만 누구나 할 수 있다

　돈을 획기적으로 아낄 수 있는 비법을 묻는 분들이 있다. 성실하게 아낄 수 있는 길을 찾기보다 한 방에 아낄 수 있는 묘책을 찾는 것이다. 푼돈이 빠져나가는 것은 아깝고 그렇다고 그것을 틀어막기 위해 필요한 부지런함은 귀찮은 탓이다. 또 다른 형태의 '귀차니즘'이라고 할 수 있다.

　사실 비법 같은 것은 없다. 푼돈을 아끼는 방법은 지금까지 설명했듯이 간단하고 단순하다. 다소 철학적(?)으로 이야기하자면 지금보다 조금 더 부지런하고, 작은 것에 만족하며, 늘 깨어있는 의식을 유지하는 것이다. 그렇게 아낀 푼돈은 목돈을 만들어줄 뿐만 아니라 내 삶을 바꾸는 기적 같은 일을 한다.

　정말 귀찮고 모든 것에 신경 쓰는 게 싫다면 단순한 것부터 해보

자. 담배를 끊든 술을 끊든 커피를 끊든 푼돈 킬러를 한 가지쯤 줄여보는 것이다. 동시에 절약한 돈을 차곡차곡 모아보는 것이다. 다른 모든 것에 신경 쓰지 않고 오직 하나만 해보는 것이다. 그 경험을 통해 많은 것을 느낄 수 있지 않을까.

그것도 아니라면 돼지저금통을 마련해 매일 집에 왔을 때 주머니 속 잔돈들을 그 속에 넣어보자. 사실 그 동전을 다음 날 무겁게 다시 들고 나가 사용하거나 돼지저금통에 쌓아두거나 생활에 큰 차이가 없다. 그렇게 한 달만 지나도 돼지저금통 안의 돈은 몰라보게 큰 금액이 되어 있다. 그것만으로도 놀라운 경험을 하게 된다. 그걸 탈탈 털어 사용하기보다 통장을 만들어 저축을 한다면 1년 뒤 꽤 묵직한 느낌의 통장이 만들어질 것이다.

푼돈은 한 방에 내 통장에 10억 원이 꽂히는 기적은 만들지 못한다. 그러나 작은 실천을 통해 푼돈 재테크를 실천할 수 있기에 누구나 할 수 있고, 또 시간이란 우군의 힘을 빌릴 수 있다면 실패할 확률은 극히 낮다. 그 안에서 삶의 큰 깨달음도 얻을 수 있다. 그 깨달음은 심장에 작은 떨림을 가져올지 모른다. 세상의 묘한 흐름이 감지되고, 보이지 않는 곳에서 세상을 향해 시스템이 쏟아지고 있다는 느낌도 다가온다.

삶에서도 마찬가지다. 마음에 들지 않는 상사 때문에 괴로워하고 회사를 그만둘까 매일 밤 고민만 하기보다 돼지저금통에 동전을 쌓듯 아주 작은 일을 실천해보는 것이다. 예컨대 정말 따뜻하게 아침에 인사를 한 번씩 건네는 것이다. 혹은 무엇이라도 좋다. 내가 힘들지 않고, 그렇다고 썩 티가 나지도 않는 작은 변화지만 그것이 쌓이면 기적 같은 삶의 변화가 일어난다.

'천 리 길도 한 걸음부터'라는 말은 처음엔 작다가 점점 커지는 '크레센도'가 아니다. 그저 한 걸음 한 걸음이 쌓이는 것이다. 작은 인사가 점점 커지는 것이 아니라 매일 같은 고개 숙임이지만 시간 속에 에너지가 쌓이는 것이다. 작은 물방울이 모여 어느 순간 구름이 되는 것이다. 누구나 할 수 있는 작은 실천이 삶의 큰 기적을 만드는 이유가 여기에 있다.

돈으로부터 자유로워지기

부자가 되면 돈을 펑펑 쓸 수 있다는 말은 상당히 모순적이다. 같은 맥락에서 펑펑 쓰기 위해 부자가 되고 싶다는 생각도 실현하기 어려운 몽상이다. 왜냐하면 부자가 되기 위해선 쓰지 않고 모아야 하며, 펑펑 쓰면 남는 게 없기에 결코 부자가 될 수 없기 때문이다.

그러나 따뜻한 하와이에서 설원을 보며 스키를 타고 싶어 하듯 욕망은 모순된 두 가지를 하나의 그릇에 꾹꾹 눌러 담아 누리고 싶어 한다. 남자들이 예쁘고 능력 있으면서 동시에 착하고 알뜰하면서도 동시에 스타일이 멋진 여자를 갈구하는 것처럼 말이다. 만족될 수 없는 모순이 그 안에 있지만, 사회적 환상에 의해 혹은 특별한 경우가 일반화해 마치 그것이 누구에게나 가능한 것처럼 생각된다.

푼돈을 아끼는 실천은 이런 검에서 신기루에서 삐져니의 현실에

뿌리를 내리며 터벅터벅 걸어가는 삶으로의 전환이라고 할 수 있다. 누구나 할 수 있고 언제나 할 수 있는 일이지만 달콤한 몽상은 없다. 대신 땀 흘린 뒤 느끼는 짜릿함이 있다. 한 단계 더 간다면, 조금 더 자유로운 나와 마주서게 된다.

자유는 돈을 펑펑 쓴다고 얻어지는 게 아니다. 정말 마음껏 사용함으로써 세상에 대한 자유가 얻어진다면 '자유'에 대한 세상 고민은 이미 사라졌을 것이다. 먹고 싶을 때 먹고, 떠나고 싶을 때 떠나고, 원하는 걸 가질 수 있을 때만 자유가 있기 때문이다. 그러나 그 순간 가장 중요한 돈이 내 수중에서 사라진다. 결국 자유를 잠시 돈 주고 빌린 것일 뿐이란 사실을 돈이 떨어진 뒤 깨닫게 된다.

돈에 메여 사는 것도 썩 자유롭지는 못하다. 푼돈을 아끼는 것은 펑펑 쓰는 것과 달리 돈에 메여 사는 것이다. 작은 돈이라도 허투루 낭비하지 않기에 늘 '돈'을 염두에 두고 지출하게 된다. 그러한 삶이 처음엔 속물처럼 보이지만, 시간 속에 쌓이면 어느 순간 작은 돈으로도 행복해질 수 있음을 깨닫게 된다. 돈에 얽매여 사는 듯 보이는 푼돈의 삶이 언뜻 비굴해 보여도 하루하루 시간이 지나면서 통장에 돈이 쌓이는 만큼, 역설적이게도 나는 돈으로부터 자유로워진다. 그저 세 끼 쌀밥 먹는 것만으로도 행복할 수 있음을 깨닫기 때문이다. 설사 큰돈이 내 통장에 들어오지 않더라도, 작은 돈으로도 행복해질 수 있음을 알게 되기 때문이다. 큰돈이 내 통장에 들어온 뒤에도 그 부를 유지할 수 있을 것이다.

결과적으로 부자도 가난한 사람도 모든 순간 돈으로부터 자유로울 수 없다는 사실을 깨달음으로써 비로소 돈으로부터 혹은 삶으로부터 자유로워질 수 있다. 돈에 구속되기를 요구하는 푼돈 재테크가 자유를 가져다주는 이유는 인간에게 주어진 구속의 본질을 푼돈에서 처절하게 경험하도록 만들기 때문이다.

절제되지 못한 욕망은 아무리 큰 부자도 바닥으로 끌어내린다. 하나의 욕망이 만족되면 두 개의 욕망이 생겨나고, 두 개의 욕망이 채워지면 이번엔 네 개의 욕망이 솟구친다.

짠돌이 사장님

무역회사를 운영하는 박 사장은 점심시간이면 직원 두 명과 10분 거리에 있는 구청 구내식당에 가서 점심을 먹는다. 다소 먼 거리를 걸어야 할 뿐만 아니라 구청 직원이 몰리는 열두 시에서 열두 시 반은 피해야 한다. 또한 식판에 직접 음식을 담아야 해서 불편하기도 하다. 그러나 가격이 3000원으로 매우 저렴하다. 6000원 정도 하는 일반 식당과 비교해 하루에 3000원이 절약되는 셈이다. 직원이 본인을 포함해서 세 명이기에 절약되는 총액은 하루 9000원이다.

그런데 박 사장에게 구청 구내식당에서의 점심은 9000원을 절약한다는 의미 이상을 갖고 있다. 사실 그가 처음부터 구청 구내식당을 이용한 것은 아니다. 회사를 세운 뒤 얼마 동안은 일반 식당을 이용했는데, 회사 형편이 넉넉하지 못한 박 사장은 직원들의 점심값을 매번 지원해주지 못했다. 따라서 점심시간만 되면 난감하거나 불편해졌다. 점차 박 사장은 점심 때 약속이 없어도 있는 것처럼 이야기하고 혼자 밖으로 나와 식사하곤 했다.

이런 일이 반복되면서 박 사장은 직원들과 소원해지는 느낌을 받았고 마음도 불편했다. 그러다가 구청이나 시청의 구내식당을 이용하는 일반인이 늘고 있다는 신문기사를 읽었다. 박 사장은 구청 구내식당을 이용할 경우 자신이 사용하는 점심값도 아낄 수 있지만, 그 돈으로 직원들의 식비를 대줄 수 있겠다는 생각이 들었다. 실제로 세 명이 구청식당을 이용할 경우 들어가는 돈 9000원은 그리 부담스러운 액수는 아니었다.

이후 그는 특별한 일이 없는 이상 직원들과 함께 구청 구내식당을 이용하기 시작했다. 점심시간만 되면 직원들의 눈을 피해 불편하게 외부로 돌아야 할 필요도 없어졌다. 직원들도 점심값을 아낄 수 있어 마다할 이유가 없었다.

짠돌이 경영자는 오히려 직원과 더욱 돈독한 관계를 맺을 수 있다. 돈을 벌었다고 자신의 차를 최고급 승용차로 바꾸는 대신, 좋은 차에 대한 욕망을 절제해 직원들의 교통비를 지원해준다. 내가 술집에서 100만 원을 펑펑 쓰고 싶은 작고 불필요한 욕망을 억제한다면, 그 돈으로 직원들의 한 달 점심값을 지원해줄 수 있다. 그것이 회사의 희소한 자원을 효율적으로 쓸 수 있는 길이기도 하다. 직원들의 사기도 올라간다. 푼돈은 그 따뜻함으로 조직을 훈훈하게 만들 수 있다.

5장

부자를 만드는
열 가지
소비습관

가난하게 태어난 것은 당신의 실수가 아니다.
그러나 죽을 때도 가난한 것은 당신의 실수다..

- 빌 게이츠

은행수수료도 돈이다

내 계좌가 개설되어 있는 은행의 업무시간에 현금인출기에서 돈을 인출하면 수수료를 내지 않아도 된다. 반면에 가까운 아무 은행 또는 현금인출기에서 돈을 인출하거나 송금하면 수수료가 들어간다. 편리하게 업무를 처리해주는 대신 은행들이 수고비를 받는 것이다.

그러나 사람들은 은행수수료가 비싸다고 불만을 터뜨리면서도 종종 이용한다. 아까운 생각이 들지만 크게 부담되는 액수가 아니기 때문이다. 더구나 수수료는 지갑이 아닌 통장에서 빠져나가기 때문에 생돈 나가는 느낌이 덜 들고, 따라서 무감각해지기 쉽다.

은행들은 그 수수료를 모아 상당히 짭짤한 수익을 올린다. 2010년 시중은행의 수수료 수입이 5조 7000억 원을 넘어선 적이 있다. 웬만한 대기업 매출보다 더 크다. 푼논이 모이면 태산이 되는 것을 보여주는 또 다른 사례가 아닐 수 없다. 금융당국은 이듬해에 과도한 수수료 부과에 대해 은행권에 규제를 가하면서 수수료가 소폭 하락하거나 면제되는 범위가 늘었지만, 여전히 서민들에게 은행수수료는 부담스럽기만 하다.

은행수수료가 모이면 적지 않은 돈이 된다. 특히 사업이나 장사를 하는 사람들이 은행 거래를 편리하게 이용하기 위해 하루에 1000원씩 매일 지출한다면 한 달이면 3만 원이 되고 1년이면 36만 원을 허공으로 날리는 셈이 된다. 디지털카메라 한 대를 살 수 있는 돈이다. 따라서 이런 사람들일수록 은행수수료에 각별한 관심을 가져야 한다. 지금이라도 한 달에 수수료로 얼마가 지출되는지 계산해볼 필요가 있다.

우선 은행수수료를 아끼기 위해서는 주거래 은행이 있어야 한다. 은행도 단골에게는 조금이나마 특별 서비스를 제공한다. 직장인이라면 월급 받는 은행을 주거래 은행으로 하는 것이 가장 현명한 방법이다. 월급통장은 그 자체로 특혜를 몰고 다닌다. 월급을 주는 나의 회사가 해당 은행의 큰 고객인 경우가 많기 때문이다. 다음 표는 H은행의 수수료 혜택이다. 주거래 은행만 되어도 패밀리 단계 정도의 혜택을 받을 수 있다.

표에서 특히 주목할 점은 VIP 단계에 오르면 모든 수수료가 면제라는 점이다. 이렇듯 높은 등급을 받는 고객은 대체로 대출이 많은 사람들이다. H은행의 경우 대출이 3억 원 이상이면 거의 VIP 대접을 해주고 있다. 대출이자로 먹고사는 곳이 은행이기에 대출 많은 사람

제공서비스		Hana VIP	VIP	Hana Family	Family
수수료	CD공동망 송금(자행분)	○	○	50% 감면	50% 감면
	CD/ATM 이용	○	○	50% 감면	50% 감면
	인터넷뱅킹/모바일뱅킹	○	○	월 10회 면제	월 5회 면제
	하나은행으로 송금	○	○	50% 감면	-
	다른 은행으로 송금	○	○	30% 감면	-
	폰뱅킹	○	○	50% 감면	50% 감면
	OTP 발급수수료(토큰형)	○	○	○	50% 감면
	OTP 발급수수료(카드형)	○	○	-	-
	자기앞수표 발행	○	○	○	-
	자기앞수표 교환전자금화	○	○	-	-
	수표/어음 결제연장	○	○	-	-
	(가계)당좌예금 신용조사	○	○	-	-
	보관어음 수탁	○	○	-	-
	보관어음 반환	○	○	-	-
	부도처리	○	○	-	-

(○는 면제, -는 감면 없음)

이 큰 고객이 아닐 수 없다. 따라서 그들에게 혜택을 제공하고 있다. 대출이 많을 경우 해당 은행을 주거래 은행으로 지정하면 수수료를 면제받을 수 있다.

인터넷 뱅킹을 적극 활용하는 것도 좋은 방법이다. 인터넷 뱅킹의 경우 여러 혜택을 통해 수수료를 할인해준다. 최근에는 일부 은행이 인터넷이나 모바일 뱅킹만으로 사용할 수 있는 은행계좌를 만들었는데, 이를 이용해도 수수료가 줄어든다. 정확한 혜택은 자신이 거래

하는 은행에 문의하면 친절하게 알려준다.

편하게 은행수수료 면제를 받을 수 있는 방법이 없다면 역시 남는 건 '발품'이다. 다소 번거롭더라도 내가 있는 곳에서 가까운 은행이 아닌 거래 은행에 마감시간 전에 찾아가 현금을 입출금하거나 송금하는 것이다. 그런데 내가 이용하는 A은행이 아닌 B은행으로 입금해야 할 때가 있다. A은행에 가서 B은행으로 송금해도 수수료가 붙는다. 특히 마감 후에는 그 수수료가 3000원이 넘는 경우도 있다. 이럴 경우엔 A은행에서 인출한 뒤 그 돈을 들고 B은행에 가서 무통장 입금하면 수수료가 붙지 않는다. 설사 마감 이후라도 수수료를 줄일 수 있다.

다행인 것은 최근 은행들이 통폐합하면서 은행당 점포 수가 늘어났다는 점이다. 여의도나 서울 도심뿐만 아니라 많은 곳에 대한민국 은행의 주요 지점이 몰려 있다. 두 은행을 방문하는 데 걸리는 시간이 과거에 비해 그리 오래 걸리지도 번거롭지도 않다. 내가 다니는 직장과 집 주변에 은행이 어떻게 분포해 있는지 미리 알고 있으면 큰 도움이 된다.

또 은행을 이용할 때 유의해야 할 것은 마감시간 전에 이용해야 한다는 점이다. 마감시간 후에 수수료를 받지 않고 돈을 찾게끔 해주는 은행은 없다고 봐도 무방하다. 사실 사람들이 마감시간 후에 은행을 찾는 이유는 '깜빡해서'이거나 '갑작스럽게 필요해서'이다. 깜박 잊거나 귀찮아서 마감시간 전에 업무를 처리하지 못한 것은 조금만 부지런하게 움직이면 충분히 해결할 수 있다.

부지런히 시간 날 때 움직이면 그만큼의 돈을 아낄 수 있고, 수수료를 절약하면 돈 벌었다는 기분이 들어 왠지 뿌듯해신다. 부시런히 움직여 한 달에 네 번만 절약해도 4000원이고 1년이면 5만 원이 된다. 한 가족이 즐겁게 한 끼를 외식할 수 있는 돈이다.

푼돈을 아낀다는 것은 절제와 절약을 위한 정신적 긴장감을 갖는 것이다. 푼돈인 은행수수료를 아끼기 위해 3분 정도 더 걸어가는 수고를 아끼지 않는 것은 편안하고자 하는 나태함에서 벗어나 스스로의 정신과 마음을 긴장시키는 노력이기도 하다.

신용카드를 적절히 활용하라

신용카드는 카드회사로부터 돈을 빌려 상품과 서비스를 구입하게 해주는 편리한 시스템이다. 대출받은 고객은 매월 결제일에 카드대금이란 형식으로 빌린 돈을 갚는다. 그런데 이자가 붙지 않는다. 이자는 판매자가 '수수료'라는 이름으로 대신 내주기 때문이다. 카드회사는 판매점에게 수수료 명목으로 선이자를 떼고 내가 쓴 돈을 대신 내주는 셈이다. 즉, 돈은 카드회사가 빌려주고 이자는 사실상 판매회사가 내는, 말하자면 돈을 사용자가 빌리는 시스템인 것이다.

카드회사의 수익은 이 구조를 이해하면 간단히 파악된다. 매월 100만 원씩 결제하는 고객이 있고, 이에 따른 수수료가 2%라고 해보자. 카드회사는 100만 원을 빌려주고 매월 2%의 선이자를 받는다고 할 수 있다. 1년이면 24%이다. 100만 원을 매월 빌려주면서 매년

24만 원의 이자를 카드회사는 버는 것이다. 고객에게 지급하는 포인트나 선물은 이 돈의 일부를 제공한 것이다.

놀이공원에 가면 신용카드를 즉석에서 만들 경우 입장료의 절반을 할인해주기도 하고, 심지어 공짜 티켓을 주기도 한다. 할인받은 금액이 2만 4000원이라고 한다면, 카드회사는 내가 매월 10만 원만 사용해도 1년이면 선물값을 회수한다.

선이자로 뗀 수수료 2%를 꼬박꼬박 고객에게 적립해주는 카드회사도 있는데, 이런 경우 판매점에서 더 높은 수수료를 받거나 모기업의 전폭적인 지원에 따른 것이다.

많은 사람들이 신용카드를 사용할 때 포인트 등을 고려해 어떤 카드를 사용할지 고민한다. 또 카드회사마다 다른 복잡한 혜택 구조 때문에 헷갈려하기도 한다. 그런데 사실 우리가 카드를 사용해 얻는 포인트 등의 혜택은 일부를 제외하곤 결과적으로 크지 않다. 포인트는 고객의 재테크가 아닌 마케팅 차원에서 실시하는 것이기 때문이다. 카드회사의 포인트 마케팅에 너무 따라가다 보면 마치 포인트의 적립이 재테크처럼 착각되고 결과적으로 신용카드의 본질을 잃어버리게 된다.

신용카드로부터 소비자가 얻는 본질적 이득은 포인트가 아닌 공짜로 대출을 받아 평균 25일에서 30일 정도 사용한다는 점이다. 따라서 잘만 사용한다면 생활에 큰 편리함을 제공받을 수 있다. 현금을 찾아 택시요금을 지불하기보다 신용카드로 결제를 하면 은행수수료도 나가지 않고 또 월말에 갚아도 되기 때문이다.

문제는 현금이 아니기에 과소비의 유혹에 쉽게 넘어갈 수 있다는 것이다. 푼돈 재테크가 주목하는 지점은 바로 여기다. 카드회사가 의도했건 아니건 상관없이 신용카드의 문제는 바로 여기에 있고, 따라서 그것이 주는 이득이 크지만 개인적 지출에 관해서는 사용을 자제해야 한다. 잘 쓰면 유리한 것이 신용카드지만, 사용에 무감각해지면 연체로 인한 신용불량자가 될 수 있다.

최근에는 무이자할부가 곁들여지면서 카드 사용에 대한 감각이 떨어지는 소비자도 늘고 있다. 커피도 안 마시고, 택시도 안 타고, 밥값도 아끼는 여성들도 가끔 고가의 화장품이나 옷을 무이자할부로 지른다. 현금이 들어가는 것도 아니고, 거기다 무이자할부까지 되면서 싸다는 생각이 강하게 들기 때문이다. 그리고 카드대금 결제일만 다가오면 온몸이 공포의 도가니에 빠져들기도 한다. 만일 만 원짜리를 현금인출기에서 뽑아 구매에 나섰다면 아마 절반쯤은 포기했을 것이다.

신용카드의 유혹에 쉽게 넘어가는 습관이 있다면 한두 달 정도 작심하고 카드 없이 현금으로만 살아볼 필요가 있다. 숨통이 트이는 날이 생기면서, 비로소 현금으로 살 수 있는 날이 오고, 신용카드도 좀 더 합리적으로 사용할 수 있게 될 것이다.

적절한 사용을 위해 신용카드의 결제 한도를 낮추는 것도 방법이다. 급할 때 사용할 수 있는 비상 결제수단으로 역할을 한정하는 것이다. 교통카드 기능을 갖고 있는 한도 낮은 카드를 이용한다면, 신용카드가 주는 본질적 이득을 극대화하는 사용이 가능해진다.

살림을 책임지는 가정주부들 역시 신용카드보다는 가능하면 현금으로 결제하는 것이 좋지 않을까 싶다. 그래야만 지출내역을 파악할 수 있기 때문이다. 대형마트에서도 불필요하게 이것저것 사지 않게 된다. 특히 전업주부라면 신용카드를 사용할 필요가 있을까 싶은 생각이 들기도 한다. 대개 공과금이나 학원비, 부식비 등 충분히 예상되는 상황에서 돈이 나가고, 대부분 언제든 현금을 찾을 수 있는 은행 업무시간에 지출이 이뤄진다. 집에서 멀리 떨어진 상황에서 갑작스럽게 비상상황에 처하는 것도 아니다. 생활비로 들어온 현금을 바탕으로 규모 있게 사용하는 것이 오히려 더 낫다.

어떤 주부는 생활비, 교육비 등을 관리하는 통장을 따로 만든 뒤, 각각의 지출 규모에 맞게끔 돈을 넣어두고 지출한다. 이것도 돈의 흐름을 통제할 수 있는 좋은 방법이다.

현대 자본주의 경제의 통화량을 증가시키는 데 혁혁한 공을 세운 신용카드는 결과적으로 양날의 칼과 같다. 신용거래가 일반화된 상황에서 카드를 사용하지 않는 것은 힘들다. 이런 경우 필요한 것이 바로 '잘' 사용하는 것이다. 사실 무이자대출이란 달콤한 꿀을 발라 소비자 마음을 유혹하는 특명을 받고 태어난 신용카드는 어쩌면 알몸으로 수도승을 유혹하는 황진이 같은 존재일 수 있다. 그 늪으로 빠져들면 쉽게 헤어나지 못하게 되는 것이다. 깊이 빠져들 것 같으면 애써 외면하는 게 내가 사는 길이다.

이런 맥락에서 부모님에게 현금을 타서 쓰다가 사회에 첫발을 내디딘 사회 초년생들은 가급적 신용카드 사용을 자제할 필요가 있나.

지갑에 돈이 없어도 멋지게 한 턱 쏠 수 있는 신세계의 매력에 푹 빠지는 첫 경험이 카드의 유혹에 더 쉽게 넘어가는 소비습관을 만들 수 있기 때문이다.

이렇게 신용카드를 '신용카드답게' 사용하는 소비자가 늘어야 신용카드 회사들도 고객의 신용에 상관없이 어떻게든 카드 한 장이라도 더 발급하려는 왜곡된 경쟁과, 화려한 광고 혹은 이벤트에 비용을 쏟아 붓는 비본질적 방식의 마케팅이 아닌 신용카드의 본질적 메커니즘을 바탕으로 건강하게 이윤을 추구하는 기업이 될 것이다.

전기요금폭탄을 조심하라

전기요금은 결코 싸지 않다. 한겨울 전기장판을 오래 사용하다가 혹은 한여름 에어컨을 빵빵하게 틀었다가 5만 원 정도 나오던 요금이 갑자기 50만 원이 나오는 충격적인 일이 벌어지기도 한다.

이렇게 갑작스럽게 전기요금이 뛰는 것은 누진율 때문이다. 다음 표에서 볼 수 있듯이 100킬로와트까지 전기요금은 킬로와트당 60원이지만, 500킬로와트를 초과하면 킬로와트당 709원이 된다. 무려 열두 배가 비싼 것이다.

한국전력 홈페이지에 따르면 평균 소비전력이 1.8킬로와트인 에어컨을 하루 5시간 사용하면, 월간 사용량은 270킬로와트가 된다. 다른 것은 전혀 사용하지 않고 에어컨만 튼다면 3만 8000원이 나온다. 그런데 이미 500킬로와트를 사용하고 있는 상황에서 같은 양의 에어컨을 사용한다면 킬로와트당 709원씩으로 계산되면서 총 19만 원의 추가 요금이 발생한다. 총사용량은 770킬로와트로 요금은 37만 원이 된다. 무척 큰돈이 되는 것이다. 이미 500킬로와트를 사용하는 상황에서 20와트인 전등 네 개를 하루 다섯 시간 사용해도 월간 전력 사용량은 12킬로와트가 되고, 8400원의 요금이 더 나온다. 아무것도 사용하지 않았을 때 나오는 요금 1000원가량보다 여덟 배나 많다. 등 하나를 끄느냐 아니냐가 전기 소비량이 증가하는 여름엔 돈을 아끼는 길인 것이다. 사용하지 않는 방의 전등을 끄고, 멀티탭을 설치해 가전제품의 대기전력이 새어나가지 않도록 하는 것은 킬로

주택용 전력(저압)

- 주거용 고객(아파트 고객 포함), 계약전력 3kW 이하의 고객
- 독신자 합숙소(기숙사 포함) 또는 집단주거용 사회복지시설로서 고객이 주택용 전력의 적용을 희망하는 경우 적용
- 주거용 오피스텔 고객(주거용 오피스텔이란? 주택은 아니지만 실제 주거용으로도 이용되는 오피스텔)

적용일자 : 2013년 11월 21일

기본요금(원/호)		전력량 요금(원/kWh)	
100kWh 이하 사용	410	처음 100kWh 까지	60.7
101 ~ 200kWh 사용	910	다음 100kWh 까지	125.9
201 ~ 300kWh 사용	1,600	다음 100kWh 까지	187.9
301 ~ 400kWh 사용	3,850	다음 100kWh 까지	280.6
401 ~ 500kWh 사용	7,300	다음 100kWh 까지	417.7
500kWh 초과 사용	12,940	500kWh 초과	709.5

※ 월 최저요금 : 1,000원(적용일자 : 2009년 9월 1일)
※ 비주거용 주택용전력 고객 : 1단계 사용량(100kWh이하)에 대하여 주택용 2단계 요금 적용

주거용 주택용(저압) 사용량별 요금표

단위: 킬로와트, 원

전력량	청구금액
100	7,350
200	22,240
300	44,390
400	78,850
500	130,260
600	217,350
700	298,020

와트당 60원인 싼 전기를 아끼는 것이 아닌 킬로와트당 700원인 정말 비싼 전기를 아끼는 길이라고 생각해야 할 것이다.

특히 전기요금을 가능하면 300킬로와트 미만으로 사용하는 것이 좋다. 한국전력이 제공한 위의 요금표를 보면 100킬로와트까지의 전기요금은 7000원 정도 되고, 200킬로와트를 사용할 경우 요금은 2만 2000원 정도로 오르며, 300킬로와트를 쓰면 4만 4000원으로 증가한다. 그리고 400킬로와트를 사용하면 7만 9000원 정도 나오게 된다. 자세히 보면 알겠지만 100킬로와트 늘어날 때 요금이 거의 두 배씩 증가한다. 400킬로와트에서 500킬로와트로 사용량이 100킬로와트 더 늘 때도 요금은 13만 원대로 두 배 가까이 늘어난다.

그동안 전기요금이 싸다고 생각한 이유 중 하나는 사용량이 300킬로와트 미만인 경우가 많았기 때문이다. 하지만 에어컨이 가장 필수품이 되면서 요금은 크게 증가했다. 여기에 냉장고도 틀어야 하고, 전등도 켜야 하며, 세탁기도 돌려야 하고, 전기 소모량이 많은 대형 화면의 HDTV도 봐야 한다. 최대한 효율적으로 적정선을 유지할 필요가 있다. 사용량을 300킬로와트 안쪽으로 유지하면 요금폭탄도 막을 수 있고, 전기요금도 아낄 수 있는 동시에 지구의 자원도 절약할 수 있다.

뚜벅이와 친구하면 교통비가 준다

교통비 증가는 곧 편리함 또는 편안함과 비례한다. 즉 돈이 많이 들어갈수록 편리한 교통수단을 이용할 수 있다. 걸어가는 것보다 버스를 타는 것이 편하고, 버스보다는 택시나 자가용이 편하다. 자가용도 작은 차보다는 큰 차가 안락하고, 나아가 기사가 있으면 더욱 편안하다.

따라서 교통비를 아껴 푼돈을 모으는 것은 편안함을 포기하고 부지런함으로 무장하는 것이다. 결국 내 몸을 움직임으로써 돈을 버는 것이나 마찬가지이다.

우선 가까운 거리는 자가용을 비롯한 교통수단 대신 걸어 다닐 필요가 있다. 자가용 운전자의 경우 가까운 곳도 차를 이용할 때가 많다. 목욕탕을 갈 때나 집앞의 백화점을 갈 때도 자가용이 농원된다.

기자 시절에 목격한 어느 국회의원은 사무실인 의원회관에서 회의가 열리는 국회 본청까지 100미터 남짓 되는 거리를 자가용으로 움직였다. 점심시간 국회 앞 음식점을 갈 때도 마찬가지다. 운전사 딸린 자가용으로 편안히 움직이는 게 습관처럼 몸에 배었기 때문이다.

그러나 잠시 편하고자 하는 욕구를 억제하고 가까운 거리를 걸으면 기름값도 아끼고 몸에도 좋을 뿐만 아니라 환경오염도 줄이고 원유 수입도 줄일 수 있는 일석 다조의 효과가 있다.

또한 버스 기다리기가 귀찮아서 냉큼 택시를 잡아 타는 경우도 많다. 특히 거리가 가까우면 버스비 1050원이나 택시 기본요금 3000원이나 큰 차이가 없다는 생각이 든다. 몇 해 전부터 택시비 결제가 교통카드로 가능해지면서 지출에 무감각해지기도 했다. 물론 사정이 급한 일이 생겨서 어쩔 수 없다면 모르겠으나 그리 현명한 소비습관은 아니다.

사실 어떤 교통수단을 이용하는가의 문제는 습관과 직결된다. 자가용을 주로 이용하는 사람들은 지하철과 버스를 타고 다니는 것을 몹시 불편하게 느끼는 경우가 많다. 그러나 교통비를 절약하기 위해서는 이러한 불편함을 감수해야 한다. 이것은 현대문명의 안락함을 포기하는 것이 아닌, 안락함 속에서 서서히 무감각해져가는 인간이란 생명체의 삶을 향한 본능을 유지하는 것이다.

자동차를 갖고 있을 경우 교통질서를 잘 지키는 것도 푼돈을 아끼는 길이다. 속도위반이나 주차위반 과태료는 그야말로 쓸데없이 낭비하는 돈이다. 그 액수도 만만치 않다. 한 달에 4만 원씩 과태료를 내도 1년이면 50만 원이 된다. 따라서 교통위반을 하지 않는 것이 돈을 아끼는 방법이다. 아울러 도로를 안전하게 이용함으로써 민주사회의 시민으로써 자기 역할을 다하는 것이기도 하다.

안전운전도 필수이다. 거칠게 운전하다 사고를 낼 경우 보험료가 무섭게 급등하기 때문이다. 그리 큰 차도 아닌데 매년 보험료를 200만 원 가까이 낸다는 분의 이야기에 깜짝 놀란 적이 있다. 사고가 나면서 보험료가 할증이 됐기 때문이다. 상당기간 높은 보험료를 감수해야 하는 상황인 것이다.

반대로 그분은 내가 자동차 보험료로 20만 원 정도 낸다는 사실에 깜짝 놀랐다. 20년 넘게 무사고를 기록하면서 보험료가 가장 낮은 등급으로 떨어졌다. 같은 차를 몰면서 누군가는 200만 원 가까운 보험료를 내고 누군가는 20만 원대의 보험료를 내는 경우가 생기는 것이다. 따라서 불필요한 출혈을 막기 위해서는 거친 운전에 따른 사고를 막는 것이 최선이다.

위험의 항상성이란 게 있다. 사람들이 스스로 감당하는 위험의 수준이 늘 비슷하다는 것이다. 운전에서도 적용이 된다. 즉, 보다 안전하다고 생각하면 거칠게 운전하고, 안전하지 않다고 생각하면 조심스럽게 운전하는 것이다.

모든 사람에게 권장할 일은 아니지만 내 경우 상당기간 자차보험을 들지 않고 다녔다. 자차보험은 사고가 났을 때, 내 차의 수리비를 보험회사로부터 지급받는 것이다. 자동차 보험료가 크게 비싸지면서 한동안 그 부분을 뺐다. 사고 없이 오래된 차를 몰고 다니는 나로서는 생돈 나가는 느낌이 들었기 때문이다. 그런데 자차보험을 빼면서 좀 더 안전하게 차를 몰았다. 사고가 나면 내 차 수리비를 직접 부담해야 한다는 생각이 스스로 조심하게 만든 것이다. 위험의 항상성을 유지하려는 심리가 발동한 것이다. 반면 자차보험에 가입된 경우 '사고가 나도 보험처리하면 된다'는 생각에 더 거칠게 운전하고 따라서 사고의 위험성도 증가하게 된다. 앞서 전제를 달았듯이 권장할 사항은 못되지만, 만일 보다 안전하게 운전할 수만 있다면 이렇듯 보험료를 줄임으로써 안전운전에 나설 수도 있다. 물론 사고가 나면 보험료의 몇 배가 되는 돈을 수리비로 지불해야 한다는 게 함정이다.

디지털 푼돈을 빗장수비하라

최근 새롭게 등장해 확산되는 게 휴대전화 온라인게임 등을 통해 지출되는 디지털 푼돈이다. 특히 온라인게임의 경우 게임에 이기기 위해, 또는 게임을 재밌게 하기 위해 소비자들은 각종 아이템을 구입한다. 중독성도 강해 한번 빠져들면 가랑비에 옷이 젖듯이 푼돈이 줄줄 빠져나간다.

앞으로는 모든 것이 디지털화, 온라인화되는 시대가 오기 때문에 이처럼 디지털 푼돈을 겨냥해 장사하는 기업이 더욱 늘어날 것으로 전문가들은 보고 있다.

아울러 제품을 푼돈화하는 변화를 보이기도 한다. 몇 만 원짜리 대신 몇 천 원 혹은 몇 백 원짜리로 잘게 쪼개 파는 것이다. 1년에 몇 만 원짜리를 파는 대신 1개월 단위보 서비스를 해수기노 한다. 낯 반

원을 한꺼번에 지출하는 건 부담되지만 월 몇 천 원씩 쓰는 건 아무래도 소비자들의 부담이 덜하다. 따라서 '디지털 푼돈화 전략'은 소비자들의 주머니를 열 수 있는 유용한 방법이 되는 것이다.

이처럼 디지털 푼돈의 사용처가 늘어날 가능성이 높은 만큼 이에 대한 정확한 이해가 필요하다. 사실 디지털 푼돈의 경우 적은 돈으로 자기만의 공간을 만들거나 재미를 추구할 수 있다는 이점이 있다. 따라서 삭막한 디지털 문화에 느낌을 불어 넣는 긍정적인 측면도 있다. 또한 적은 돈으로 필요한 서비스를 받을 수 있기도 하다.

그러나 푼돈이기에 쉽게 낭비할 가능성 역시 함께 갖고 있다. 기업

이야 이런 푼돈을 모아 목돈을 벌 수 있지만, 소비자에게는 금전적 출혈이 생긴다. 매번 사용할 땐 푼돈이지만 그것이 모여 월말에 결제할 땐 큰돈이 되기 일쑤이다.

더불어 중독성의 위험이 있다는 것도 문제이다. 업체들은 이런 욕구를 자극하기 위해 더 예쁘고 더 멋지고 더 아름다운 장식품을 쏟아낸다. 푼돈이 무서운 것은 그 중독성에 있다. 담배건 술이건 커피건 디지털 푼돈이건 궁극적으로 사람들을 중독시킴으로써 지속적으로 지출하게 만든다. 따라서 디지털 푼돈을 절약하기 위해서는 스스로 절제하는 의식을 키워야 한다. 적당한 수준에서 즐기도록 스스로 조절해야 할 것이다.

아예 일상에서 이런 디지털 푼돈이 세어나가는 것을 방지하는 것도 좋은 방법이다. 사실 휴대전화 컬러링이 없어도 전화를 받거나 거는 데 아무 문제 없다. 남들 하니까 나도 반드시 따라할 필요는 없다.

특히 감수성이 예민한 10대들의 경우 이 같은 중독에 쉽게 빠져들 수 있기 때문에 각별한 주의가 필요하다. 청소년들은 용돈으로 이런 푼돈 지출에 빠져들다 중독이 되고 결국 스스로 감당하지 못하는 지경에 이를 수 있다. 푼돈이 곧 하찮은 존재가 아님을 인식시키고 스스로 절제할 수 있는 능력을 키울 수 있도록 주변 어른들이 도와야 한다.

배고플 때 먹어라

"이 놈이 배가 불러서 그래. 며칠 굶어야 정신 차리지!"

어린 시절 반찬투정이 심했던 내게 어머니가 하셨던 핀잔이다. 틀린 말씀이 아니란 걸 나는 살아오면서 여러 차례 경험했다. 맛집에서 먹는 비싸고 훌륭한 음식보다 배가 고플 때 먹는 한 끼가 얼마나 더한 행복을 가져다주는지 알고 있다.

유난히 환경미화에 신경 썼던 팀장 한 분은 회식 전 종종 청소를 시켰다. 나는 청소하는 30분간 몸을 움직이면서 더욱 허기졌고 회식에 대한 기대감이 커져갔다. 그런 날이면 저녁 회식이 유난히 풍요롭게 느껴졌다.

맛있게 먹자니 돈이 들고 싸게 먹자니 먹기가 싫은 경험을 자주 하게 된다. 뭔가 특별한 걸 먹고 싶은데 문득 떠오른 메뉴는 가격이 비싸 입맛만 다시게 되기도 한다. 그땐 배가 불러서 그런 것이다. 그냥 굶자. 맛있게 먹지 못하는 이유를 홀쭉한 주머니 사정으로 돌리지 말자. 너무 자주 많이 먹어 배고픔을 잊어버린 탓도 있기 때문이다. 돈도 아끼고, 다이어트도 하고, 내장의 불순물 청소에도 도움이 된다. 나아가 밥의 소중함도 깨닫는다. 배가 고파지면 뭘 먹어도 맛있다. 원효대사가 해골에 담긴 빗물을 마시며 큰 깨달음을 얻었다고 하지 않은가.

배고픔은 분명 고통이지만 동시에 건강함의 신호이고 먹는 즐거움을 키우는 힘이다. 어쩌면 그것은 자연이 우리에게 준 선물일지 모른다. 적은 돈으로도 즐겁게 만찬을 즐길 수 있는 이유는 바로 신이 준 허기가 있기 때문이다.

아울러 음식에 대한 기준점을 낮추자. 우리의 허기를 면해주는 존재로서 모든 음식을 고맙게 받아들이자. 6000원짜리 대신 3000원짜리 구내식당에서 밥을 먹으면 3000원을 아낄 수 있고 매일 이렇게 3000원씩이 모여 한 달 20일이면 6만 원이 된다.

한우 대신 삼겹살을 먹으면 큰돈이 절약된다. 한우는 고급이란 허위의식만 버리면 된다. 영양학자들에 따르면 돼지고기가 영양과 맛에서 소고기에 뒤지지 않는다. 돼지고기는 지방산의 불포화도가 높고 동맥경화를 예방하는 효과가 있다. 부드럽고 소화도 잘 된다. 단백질에 함유된 아미노산의 질이나 양 그리고 지방성분도 소고기와 비슷하다. 결과적으로 한우가 비싼 게 아니고 돼지고기가 싼 것이다. 건강에 좋은 돼지고기를 저렴하게 즐길 수 있는 현실이 기쁘지 않을 수 없다.

돈이 없어 아이에게 피자와 햄버거를 사주지 못한다고 애통할 필요도 없다. 피자와 햄버거를 양껏 먹는 아이에게 찾아오는 건 비만과 절제력 부족밖에 없다. 피자 대신 감자를 삶아주거나 김치 부침개를 해주는 어머니의 손길이 몇 십 배 더 가치 있다. 배고프면 아이들도 피자든 김치 부침개든 모두 잘 먹고, 감자와 고구마에 길들여지면 과자에 손이 잘 가지 않는다.

몇 년 전 슈퍼마켓에서 달랑 천 원으로 무엇을 살 수 있는지 살펴본 적 있다. 먼저 눈에 들어온 건 스낵코너. 무척 작거나 질소가스가 절반 이상인 봉지과자가 천 원이었다. 초콜릿도 보였다. 어른이 된 탓인지 아니면 제품 사이즈가 줄어든 것인지, 다소 작아 보였다. 반면 야채코너에선 2킬로그램쯤 되는 묵직한 양배추가 1000원이란 꼬리표를 달고 있었고, 조선무는 그보다 싼 800원이었다.

이렇듯 슈퍼마켓에 가면 제철이라 싼 과일과 야채가 있다. 자연은 역설적이게 더 많은 가치를 소유한 제철 청과물을 싸게 내놓는다. 태양과 비 그리고 바람이 단 한 푼의 사용료도 요구하지 않는 덕분이다. 스낵 몇 봉지와 스팸이 담긴 만 원짜리 장바구니보다 감자 반 근과 돼지고기 500그램, 양배추 한 통이 담긴 같은 가격의 바구니가 장을 다 보고 난 순간 더 묵직하게 느껴진다.

과거 경제학자들의 생각 중 하나가 인간의 '노동'이 가치를 창조한다는 것이다. 그래서 감자가 포테이토칩이 되면 가치가 증가한 것이 된다. 가격도 오르고 부가가치세란 세금도 붙는다. 지금까지도 자본주의를 관통하는 기본 철학 중 하나가 이것이다.

인간의 수고가 더해졌기에 가격은 오를 수 있다. 그러나 가치도 동시에 가격만큼 늘어난다는 건 인간에 대한 일종의 과대포장이다. 반대로 사람의 손은 오히려 가치를 망가뜨릴 수 있다. 이제는 누구도 공장에서 찍어낸 비엔나소시지가 같은 가격의 시금치보다 높은 가치를 갖고 있다고 믿지 않는다.

그렇다면 인간의 손길을 거쳤기에 가격은 올랐지만 가치가 떨어진 것과 그렇지 않은 것 가운데 무엇이 더 괜찮은 소비일까? 당연히 후자다. 이것이 바로 자연과 함께하는 삶이고 돈을 절약하는 길이다. 푼돈을 아낀다는 것은 곧 자연과 함께한다는 뜻이기도 하다.

위대한 철학자 디오게네스가 저녁식사로 콩 꼬투리를 먹고 있었다고 한다. 그때 왕의 책사인 아리스티푸스가 지나가다 멈춰서 말했다.

"가엾은 사람아, 왕에게 고분고분하기만 하면 그렇게 형편없는 식사를 하지 않아도 되잖은가."

그러자 디오게네스가 빙그레 웃으면서 대답했다.

"가엾은 사람아, 콩 꼬투리를 먹고 살 줄만 안다면 왕에게 빌붙어 아첨을 떨지 않아도 되지 않는가."

같은 사람이지만 소비에 대한 극단적인 차이를 보여주는 일화가 아닐 수 없다.

군것질과 다이어트

　일상생활에서 현대인이 하는 일 가운데 가장 바보 같은 짓 한 가지가 먹는 데 돈 쓰고 빼는 데 다시 돈을 쓰는 것 아닐까. 병 주고 약 주는 현대 물질문명을 저항 없이 받아들이기 때문이다. 경제가 풍요로워진 만큼 먹거리가 넉넉해졌지만 '더' 먹기 시작해 비만이 발생한 것이다. 이러한 비만의 주범 가운데 떡볶이, 과자, 아이스크림, 커피 등 군것질거리가 많이 있다. 밥 세 끼도 모자라 틈틈이 먹는 이것저것이 전부 살덩어리가 된다.

　가장 좋은 것은 살이 찌는 데 들어가는 군것질을 줄이고, 다이어트에 들어가는 돈도 줄이는 것이다. 그러면 이중으로 절약이 가능하다. 점심 때 식당에서 나온 음식은 다이어트를 핑계로 반만 먹어 음식물 쓰레기를 생산한 뒤 오후 네 시에 이것저것 군것질을 하며 돈 들어

칼로리를 보충하고, 다시 헬스클럽에 가서 다이어트하는 돈 낭비, 시간낭비를 줄이는 것이다.

군것질은 말 그대로 끼니 이외의 먹는 것으로 입의 즐거움을 위해 소비하는 것이다. 이 같은 군것질은 우선 푼돈이 들어간다는 문제를 야기한다. 하루에 1000원만 소비해도 한 달이면 3만 원이고, 하루 2000원을 쓴다면 6만 원이 된다. 거기에 세 끼 식사 이외에 먹는 것이기에 입은 즐겁지만 비만을 유발하는 등 건강에도 해롭다. 뿐만 아니라 당뇨, 고혈압 등 성인병을 유발하는 원인이 되고 있다.

따지고 보면 세상에 완벽한 존재나 현상 또는 상황은 없다. 긍정적인 것은 부정적인 것을 동반하고, 부정적인 것은 긍정적인 것과 같이 온다. 아무리 절망적인 상황에서도 희망은 있고, 아무리 희망에 가득한 세상일지라도 절망의 지뢰밭으로 빠져들 위험이 도사리고 있는 것이다. 과학혁명 역시 인류 역사상 그 어느 때보다 풍요로운 사회를 만들었지만 동시에 비만, 환경오염, 핵무기 등 이전 시대에는 없던 아주 심각한 문제를 만들어냈다. 수많은 군것질거리는 인류 역사상 그 어느 때보다 우리가 풍요롭게 살고 있다는 것을 상징하는 동시에 새로운 문제의 원인이 되고 있다.

이를 줄이는 가장 좋은 방법은 우선 집에 군것질할 음식을 사두지 않는 것이다. 군것질은 배고파서 찾는 게 아니라 입이 심심하거나 허전할 때 찾게 되므로 없으면 생각나지 않고 있으면 손이 가게 된다. 이런 면에서 군것질도 습관이고 중독이다. 따라서 없는 것이 최고의 방책이나.

거리에 널린 군것질거리는 푼돈을 방패 삼아 막아내야 한다. 집 안에 있는 것과 달리 밖의 물건은 내 돈을 들여야 구입할 수 있다. 즉 지갑이 열려야 군것질이 가능해진다. 자판기의 시원한 콜라가 마시고 싶을 때도 있고, 아이스크림이 눈에 들어올 때도 있고, 호떡이 침샘을 자극하는 경우도 있다. 그 유혹을 받아들이면 지갑은 빈약해지고 뱃살은 늘기 시작한다.

군것질을 아예 끊기는 어렵다. 특히 오후 늦게 혹은 밤 늦게 속이 출출할 때 주전부리는 때론 치명적 유혹으로 다가온다. 따라서 필요한 경우에는 인스턴트식품 대신 고구마나 감자 등을 애용하는 것도 좋은 방법이다. 이렇게 하면 건강에도 좋을 뿐만 아니라 대체로 가격이 인스턴트식품보다 저렴하기에 돈도 아낄 수 있다. 나는 밤늦게 속이 출출하면 냉장고에서 무를 꺼내 적당한 크기로 잘라 먹는다. 큰돈도 들지 않고 맛도 시원하다. 더불어 무는 위장에도 좋고 칼로리도 높지 않은 웰빙식품이다.

각종 통계에 따르면 예전엔 부자가 뚱뚱하고 가난한 사람이 말랐지만 지금은 가난한 사람이 뚱뚱하고 부자들은 오히려 날씬하고 한다. 사실 부자의 길을 걷는다면 살이 붙을 틈이 없는 경우가 많다. 쓸데없이 돈까지 낭비하면서 몸에 좋지도 않은 주전부리를 하지 않을 뿐만 아니라 부지런히 몸을 움직이기 때문이다. 이와 반대로 없던 시절에 바짝 말랐던 가난한 사람은 풍요의 시대가 되면서 비만의 가능성이 높아졌다. 삶의 고통에서 오는 스트레스를 먹는 것으로 해결하는 한편, 자기 관리가 뒷전으로 밀려나면서 살이 찐 비만 체형이 된다. 실제로 미국에는 흑인과 히스패닉계 사람들이 모여 사는 할렘가일수록 비만 인구가 많은 것으로 조사되고 있다.

비만으로 부자인지 아닌지를 평가하는 것은 다소 우스울 수도 있다. 그러나 이러한 통계와 경향은 한 가지 사실을 보여주고 있다. 물질이 풍부한 현대사회의 유혹을 극복하고 또 주체성을 확보하는 삶을 살기 위해서는 인간에게 허락된 몸무게를 초과하지 않는 긴장감이 필요하다는 것이다. 동시에 필요 이상으로 먹어 돈 쓰고 다시 그걸 빼느라 돈 쓰는 과잉의 굴레에서 벗어나는 것이다.

비우고 또 비워라

　음식을 만드는 데 돈 쓰고, 다시 음식물 쓰레기 버리는 데 돈을 쓰는 일이 비일비재하다. 이중으로 돈이 나가는 것이다. 이를 줄이면 적지 않은 돈을 아낄 수 있다.

　요리를 할 때에도 음식물 쓰레기를 염두에 두고 만들 필요가 있다. 양뿐만 아니라 음식의 종류도 마찬가지다. 예컨대 만두는 냉장고에 넣어놓고 며칠을 먹을 수 있다. 그러나 만둣국은 한 끼 식사로 해결하지 못하면 대개는 버려야 한다. 배고플 땐 많이 먹을 것 같아 잔뜩 끓이지만 먹고 나서 남으면 버려야 하거나 억지로 먹어 살을 찌워야 한다. 이럴 경우 일단 조금 모자란다 싶게 끓인 뒤 정말 양이 부족하면 재빨리 몇 개 더 쪄 먹거나 밥을 말아 먹어 채우는 것이다. 이렇게 하면 음식물 쓰레기가 발생하지 않는다. 정말 아름다운 성찬은 화려하게 차려진 밥상이 아니라 깔끔하게 비워진 그릇으로 가득한 식탁이 아닐까.

반찬이라면 매 끼니 만들어야 하는 것이 불편할 수도 있지만 한 끼 정도 먹을 수 있는 소량으로 만들면 좋다. 대신 반찬의 가짓수를 적게 하면 그만큼 번거로움이 줄어든다. 소량으로 만들어 절약하고 가짓수를 적게 해 절약할 수 있다. 이를 통해 언제나 식탁을 깔끔하게 비운다면 돈도 아끼고, 금방 한 음식도 즐기며, 더불어 설거지의 양도 줄어든다.

비워야 할 대상에는 냉장고도 있다. 보통 가정의 냉장고에는 처분을 기다리는 각종 음식재료들로 가득한 경우가 많다. 야채실엔 쌓아 놓은 채소가 있고, 일부는 상해서 먹을 수 없다. 냉동실엔 꽁꽁 언 가래떡, 조기, 심지어 삼겹살도 있다. 특히 야채의 경우 슈퍼마켓에서 냉장실에 들어온 뒤 그 안에서 부패해 쓰레기통으로 직행하기도 한다. 이것만 아껴도 살림에 들어가는 돈을 절약할 수 있고, 불필요하게 낭비되는 자원도 아낄 수 있다.

주말에 특별한 외식을 하고 싶다면 배달 리플릿을 뒤적이거나 가까운 곳의 맛집을 떠올린다. 그런데 냉장고 속으로 외식을 떠나보는 건 어떨까. 냉장고에 있는 것만으로도 주말을 넘어 4~5일 먹고 버틸 수 있는 경우도 많다. 아무것도 없어 보이던 냉장고와 부엌에서 정말 많은 것이 쏟아진다. 그 안에 있는 것으로 만들 수 있는 요리를 고안해 음식을 해보는 것이다. 이걸 냉장고 파티라고 불러보면 어떨까. 냉장고에 있는 것만으로 주말을 지내보는 것이다. 그럴 경우 외식비도 아낄 수 있고, 음식물 쓰레기도 결과적으로 줄이고, 아울러 부식비로 감소한다.

그런데 냉장고에 있는 걸 사용하다 보면 유통기한이 지난 걸 발견하고는 먹지 못한다고 생각해서 전부 갖다 버리기도 한다. 하지만 경험상 꼭 그렇지 않은 경우도 있다. 며칠 지난 것, 특히 냉동실에 꽁꽁 얼어 있던 것은 특히 건강한 남성에겐 상관없을 때도 있다.

비움은 곧 정리다. 비우다 보면 정리가 되고, 어디에 무엇이 있는지 잘 알게 되면서 보관한 장소를 몰라 다시 사는 일이 드물어진다. 개똥도 필요할 땐 안 보이고, 새로 구입하면 그때서야 다시 나타난다. 필요할 때 샀다가 어디에 두었는지 모르고 한참 찾다가 결국 새로 하나를 사게 되는 것이다. 그러나 비우다 보면 정리가 되고, 정리가 되면 불필요한 지출도 줄어든다. 필요한 걸 필요할 때 찾아 쓸 수 있을 뿐만 아니라 다시 사게 되는 이중낭비를 막을 수 있다.

현대사회에서 '비움'이 무척 중요한 덕목으로 자리 잡고 있다. 마음을 비워야 한다는 이야기도 많이 듣는다. 그러나 비워야 할 것은 '마음'뿐이 아니다. 우리 주변에 불필요하게 쌓아 놓은 것부터 비울 줄 알아야 한다. 냉장고에 있는 음식재료부터 집 안에 자리를 차지하고 있는 필요 없는 잡동사니까지 비워보자. 이렇듯 주변을 정리하고 비우다 보면 마음도 자연스럽게 정리가 된다. 냉장고를 비우면서 내 머릿속에도 냉장고 속처럼 참으로 많은 게 가득하다는 생각이 들지 모른다.

사재기는 필패한다

대형마트에 가면 '원 플러스 원' 등의 방식으로 물건을 싸게 파는 경우가 많다. 그러면 당장 필요가 없어도 이것저것 많이 사게 된다. 또한 며칠간 사용할 것을 한꺼번에 사야 한다는 생각에 더 많이 사게 되고, 샴푸, 비누, 세제 등 생필품은 떨어지면 낭패라고 생각해서 쌀 때 미리 사재기를 한다.

그런데 사람의 심리는 묘하다. 욕실에 휴지가 가득하면 더 쓰게 되고, 치약이 여러 통 있으면 대충 다 쓴 것은 버리고 새것을 쓰거나 여러 개 개봉해 이것저것 쓴다. 빨리 새것을 쓰고 싶은 마음에 약간 남은 치약으로 변기나 세면대를 문질러 닦기도 한다. 샴푸도 선반에 가득 있으면 한 움큼씩 풍성하게 짜내 사용한다. 인스턴트커피도 마찬가지다. 200개가 남긴 큰 것을 저렴한 가격만 보고 사면 20개짜리를 샀을 때보다 더 마시게 된다.

반면 하나씩 사서 쓰면 비누도 조각이 될 때까지 쓰고, 심지어 비누갑에 묻은 것도 박박 긁어 쓰기도 한다. 치약 역시 중간을 갈라 안쪽 벽에 달라붙은 것까지 긁어 사용한다. 다른 방도가 없기 때문이다. 그마저 바닥났을 때는 가까운 동네 슈퍼마켓에서 새로 구입한다. 샴푸나 주방세제는 물을 넣고 흔들어 몇 차례 더 사용하고, 완전히 다 썼을 때 새로 사기도 한다.

결과적으로 할인한 제품을 대량으로 구매하는 것이 더 저렴할 것 같은데, 그만큼 많이 쓰기 때문에 큰 차이가 없다. 풍족하게 사용했기에 이득이라고 할 수도 있으나 썩 권장할 만한 방법은 아니다.

헬스클럽이나 피부과 같은 곳에서는 한 달이 아닌 6개월 혹은 1년 계약을 할 경우 50퍼센트 가까이 할인을 해준다. 한 달에 6만 원이라면 12개월을 결제하면 72만 원이 아닌 36만 원에 계약이 가능하다. 6개월만 열심히 다녀도 아까울 게 없다는 생각에 12개월치를 한꺼번에 끊게 된다. 무이자로 6개월 할부까지 해주면 공짜 같은 생각이 든다. 그러나 3개월도 다니지 못한 채 그만두게 되는 경우가 허다하고 이럴 경우 오히려 한 달에 12만 원을 내고 다닌 꼴이 된다.

또 주유소에서 휘발유를 가득 채울 때가 많다. 이것도 어쩌면 사재기일 수 있다. 기름을 가득 채우면 풍족하다는 생각에 조금 더 여유 있게 차를 사용한다. 그러나 반 정도만 채우면 아무래도 덜 타고 덜 움직이게 된다.

이 같은 소소한 낭비는 더 큰 것을 풍족하게 씀으로써 과도한 소비를 유발하는 촉매제가 된다. 푼돈을 아끼는 것이 아니라 오히려 낭비에 대해 무감각해지는 결과를 만드는 것이다. 작은 것을 낭비하기 시작하면 결과적으로 큰 것을 낭비하는 일에도 무감각해진다. 이는 곧 시간의 낭비, 인생의 낭비로 이어진다. 내일이 많이 남았다는 생각에 오늘 하루를 낭비하게 된다는 것이다.

비록 원 플러스 원으로 싸게 팔더라도 조심스럽게 물건을 고르고 생각의 끝을 놓지 말아야 하는 이유가 여기에 있다. 그것은 돈도 절약하지 못하게 하면서 모든 게 차고 넘친다는 생각에 낭비에 무감각해지는 삶을 만들 수 있기 때문이다. 결과적으로 필요할 때 필요한 만큼 합리적으로 구매해 사용하는 것이 좋다.

피할 수 없다면 현명하게

우리 사회는 유독 술에 관해 너그러운 편이다. 그래서 자주 그것도 많이 마신다. 특히 남자들의 술자리에서 술 잘 먹는 것이 자랑이 되고 못 마시는 건 단점이 된다. 어떤 사람들은 자신의 주량을 과장하면서 자랑하기까지 한다. 나아가 술에 대해 너그러운 문화 때문에 자연스럽게 술을 권하는 것이 일반적이다. 술 때문이라면 웬만한 실수는 용서가 된다. 따라서 술기운에 평소 못했던 말을 하는 경우도 많다. 자칫 일이 잘못됐을 경우 '술 탓'으로 변명하기 쉽기 때문이다.

술에 관해 너그러운 게 또 하나 있다. 바로 돈이다. 술 먹는 데 들어가는 돈에 대해서도 우리는 너그럽다. 하지만 술값은 단순히 푼돈을 넘어선다. 연봉 1억 원이 넘어도 술을 좋아하면 카드빚에 허덕일 수밖에 없다.

실제 직장동료나 후배들에게 술 인심이 후해 평판이 좋은 사람들이 주변에 있다. 이런 사람들을 보며 주변 사람들은 그가 돈이 많을 것이라고 생각한다. 금전적으로 넉넉하기 때문에 술을 많이 사는 것으로 보기 때문이다. 그러나 그렇지 않은 경우도 많다. 벌이에 비해 술 인심이 과한 것이다. 대체로 술을 일정 이상으로 즐기는 사람에게서 흔히 볼 수 있는데, 이 경우 부자여서 술을 잘 사는 게 아니라 술을 잘 사서 가난해진 것이다.

그렇다고 술을 완전히 끊을 수도 없다. 사회생활이나 인간관계를 위해선 때로는 적당한 음주가 필요하기도 하다. 따라서 술값 지출이 많은 사람은 술자리와 마시는 양을 줄이고 그에 들어가는 돈을 아끼는 작은 노력에서 출발할 필요가 있다.

술을 마시기 시작하면 폭음하는 사람들이 있다. 이 경우에는 대중교통으로 집에 가는 습관부터 갖는 것도 좋은 방법이다. 술값도 아끼고 택시비 등 부대비용도 줄일 수 있다. 늦게까지 술을 마실 경우 술값도 만만치 않지만 교통비, 약값 등 부대비용도 적지 않게 들어간다. 대중교통이 끊어지기 전에 집으로 가는 습관만 들여도 큰돈을 절약할 수 있다.

뿐만 아니라 딱 한 잔 더 마시고 싶은 순간에 잔을 내려놓는 습관도 필요하다. 앞에서도 말했지만 약간 모자란 듯 싶은 순간이 멈춰야 할 때이다. 어느 정도 얼큰하고 기분 좋은데 한 잔 더 마시면 기분이 더 좋아질 것 같다. 그러나 그 한 잔이 결국 2퍼센트를 채우고 넘쳐서 '부어라 마셔라'가 시작되고, 귀가시간은 새벽 두 시가 된다.

짠돌이의 문화생활

현대사회에 꼭 필요한 것이 문화생활이다. 문화생활은 팍팍한 삶을 풍요롭게 하는 윤활유인 동시에 고된 일상에서 쌓인 찌꺼기를 제거하는 힐링의 과정이다. 삶을 윤택하게 해주는 것이기에 돈이 아깝지 않은 생각이 들기도 한다. 좋아하는 배우가 출연하는 뮤지컬에 한두 시간 흠뻑 젖고 나면 마음의 찌꺼기가 전부 사라진 듯한 기분이 든다.

하지만 문화생활에 꼭 돈이 들어갈 필요가 있는 것은 아니다. 도서관에서 책을 보는 것도 문화생활이고, 신문을 읽는 것도 문화생활이고, 십자수를 하거나 악기를 연습하는 것도 문화생활이다.

나는 피아노를 혼자 그럭저럭 배웠다. 전문 연주자가 되려는 것이 아니기에 집에서 문화생활의 방편으로 좋아하는 곡을 연습한 것이다. 기타학원이 없던 80년대에는 많은 젊은이들이 학과 사무실에서 선배 혹은 후배들에게 기타를 배웠다. 여기에 무슨 큰돈이 들어갈까. 또 주말마다 산을 찾아 자연을 즐기는 것도 문화생활이라고 할 수 있다.

문화는 원래 놀이다. 즐겁게 놀 수 있다면, 그래서 삶이 윤택해진 다면 그것이 곧 문화를 즐기는 것이라고 할 수 있다. 전문성으로 무장한 아티스트의 상품을 소비하는 것만이 문화생활은 아닐 것이다. 마음에 쌓인 찌꺼기를 해소하는 한편, 나 자신의 본질을 돌아보는 시간이 문화생활이라면 돈이 들 수도 안 들 수도 있는 것이다. 물론 가끔 돈을 써서 오페라도 보고 뮤지컬도 볼 수 있다. 그러나 그것이 부담이라면, 그럼에도 문화생활이 필요하다면 돈이 안 드는 방식으로도 충분히 영위할 수 있다.

요새는 지자체에서 하는 문화행사도 많다. 수준급의 화려한 공연은 아니지만 충분히 즐길 만한 행사들이다. 아는 분은 백화점에서 주최하는 강연이나, 공연, 영화를 관람한다고 한다. 입장료가 1000원, 2000원 정도라고 한다. 물론 처음엔 눈높이에 맞지 않을 수 있다. 매일 고급 레스토랑에서 럭셔리하게 먹던 사람이 허름한 가정식 백반을 사 먹는 것처럼 성에 차지 않을 것이다. 그러나 맛있는 것도 자주 먹으면 한계효용의 법칙에 따라 그 즐거움이 지속적으로 반감하듯이 멋진 공연이나 클럽의 불빛도 감흥이 지속적으로 떨어지면서 더 자극적이고 더 화려한 것을 찾게 된다. 그러다 중독에 빠지면 소비하시 못해 안달하는 상태가 돼, 그 불안을 해소하기 위해 큰돈을 쓰는 지경에 이른다. 결과적으로 화려한 문화상품에 집착하는 것은 문화상품이란 수렁에 나 자신을 빠뜨리는 것이다.

이를 끊는 데 따른 금단현상도 있을 것이다. 하지만 배 고프면 뭐든 맛있듯이 시간이 흐르면 적응이 된다. 그 상황이 되어야 작은 공연에서도 기쁨을 느끼고 화려한 배우들의 멋진 공연도 더 흥미로워진다. 문화생활을 통해 누리는 행복도 증가한다.

정말 중요한 문화생활은 무엇보다 나 자신이 문화의 소비자가 아닌 주체가 되는 게 아닐까? 연극을 관람하기보다 연극배우로 활동해보고, 음악회에 가기보다 악기를 하나 배워보는 것이다. 카메라를 어깨에 메고 들로 산으로 자연을 찍으러 다니거나, 그 안에서 더 큰 문화의 향연을 느낄 수 있다. 돈도 더 절약된다. 영국 유학시절에 할아버지 한 분이 금요일이면 작은 선술집에서 혼자 연주회를 여는 것을 본 적이 있다. 그저 동네 술꾼들의 박수가 전부지만 할아버지는 즐겁게 연주를 하고 또 문화를 즐겼다.

문화생활 가운데 많은 사람들이 즐기는 게 여행이다. 그 여행에서 큰돈이 들어가는 것은 사실 교통비와 숙박비다. 이것을 아낄 수 있는 방법을 찾는다면 저렴하게 여행을 할 수 있다. 밤차를 타고 가거나, 아이들이 있다면 새벽에 일찍 출발하면 2박 3일 일정을 1박 2일에 소화할 수 있다. 찜질방에서 적은 돈으로 숙박을 해결할 수도 있다.

불편한 것은 사실이지만 어차피 여행이 편한 것은 아니다. 집 떠나면 무조건 고생이라고 하지 않던가. 고생도 여행의 한 부분으로 생각한다면, 고생스러운 만큼 추억도 더 많을 것이다.

개구리 증후군

널리 알려진 개구리 증후군(Boiled Frog Syndrome)에 관한 이야기는 많은 걸 생각하게 한다. 미국의 한 대학에서 찬물에 개구리를 넣고 밑에서 불로 서서히 가열하는 실험을 했다. 그런데 개구리는 서서히 올라가는 온도 변화를 감지하지 못하고 비커에 남아 있다가 그대로 죽었다. 물의 뜨거움을 알았더라면 얼마든지 밖으로 튀어나갈 수 있음에도, 인식하지 못하는 속도로 서서히 물의 온도를 올리자 개구리는 결국 죽은 것이다. 서서히 온도가 올라가는 비커의 물이 개구리 목숨을 앗아가듯 의식하지 못하는 사이에 낭비되는 푼돈도 사람들을 곤경에 빠뜨릴 수 있다. 즉 어느 날 갑자기 빈털터리가 되는 것이다. 작은 돈이 새어나가는 데 무감각해지면서 큰돈도 마구 사용하게 되고, 결국 낭비하는 소비습관에 빠지게 된다. 한번 밴 습관은 고치려 해도 좀처럼 바뀌지 않는다. 소비에 중독된 사람은 마치 늪 속에 빠진 사람처럼 허우적거릴수록 더욱 깊이 빠지듯이 밝은 희망이 보이지 않는다. 마치 비커의 물이 뜨겁다는 것은 알

앉을 때 이미 개구리는 다리가 반쯤 익은 상태여서 움직일 수 없는 것과 마찬가지다.

그러나 반대로 경각심을 갖고 푼돈을 절약한다면 정반대의 결과가 온다. 작은 변화가 모여 큰 결말을 맺는 것이다. 시작은 미미하나 끝은 창대한, 그런 기적을 푼돈은 만들어낸다.